상하이 차관
모던 찻집에서 스타벅스를 보다
Travel to the Shanghai Teahouse

■ 문정진(文丁珍)

고려대학교 중어중문학과와 동 대학원을 졸업한 이후 고려대, 인제대, 신라대, 부산외대에서 중국 문학 및 문화 관련 강의를 해왔다. 중국 난징대학(南京大學)의 고급진수생(高級進修生)을 경험하고 상하이(上海) 푸단대학(复旦大學)의 중문과와 문사연구원(文史研究院)에서 방문학자를 지냈다. 전남대학교 호남문화연구소의 책임연구원을 거쳐 현재 인하대학교 중국학연구소 전임연구원으로 재직 중이다. 저서로 『청말(清末)의 신소설 연구』와 『중국 근대의 풍경』(공저), 그리고 『안중근 연구의 기초』(논문집) 등이 있다.

moonchina88@hanmail.net

高麗大中國學硏究所 문화시리즈 ❷

상하이 차관

초판 1쇄 발행 2011년 3월 21일

지은이 문정진
발행자 최명선
펴낸곳 문출판사(등록 제209-90-82210)

주 소 서울특별시 성북구 보문동7가 11번지
전 화 929-0804(편집부), 922-2246(영업부)
팩 스 922-6990
ISBN 978-89-94427-13-3 04300
       978-89-94427-10-2(세트)
정 가 11,000원

ⓒ문정진, 2011

* 이 책의 판권은 지은이에게 있습니다.
  지은이의 서면 동의가 없는 무단 전재 및 복제를 금합니다.
* 잘못된 책은 바꾸어 드립니다.

高麗大中國學研究所 문화시리즈 ❷

상하이 차관
모던 찻집에서 스타벅스를 보다
Travel to the Shanghai Teahouse

문정진 지음

도서출판 문

발간사

　한국과 중국은 유사 이래 제 방면에서 문화적 교류를 진행해왔다. 특히 한국과 중국이 정식으로 수교를 맺은 1992년 이후 양국의 교류는 다양한 방면에서 폭넓게 이루어지고 있다. 제주 특별자치도의 무비자 관광은 양국 민간 교류가 확장되고 있는 실례이다. 정치·경제적 측면에서도 중국의 성장은 한반도의 지정학적 중요성을 부각시키고 있지만 한편으로는 양국이 문화 교류를 통해 해결해야 할 문제들이 많음을 상기시켜준다. 이런 면에서 볼 때 인접 국가인 중국의 문화에 대한 이해는 양국의 교류 증진과 상호 발전에 촉매제 역할을 할 것임에 틀림없다.

　문화 교류는 상호 이해를 전제로 한다. G2로 부상한 중국의 정치·경제적 중요성에 대한 인식과 함께 양국의 관계 증진을 위해서도 중국 문화에 대한 전반적이고 심층적 이해는 필수불가결하다. 이에 본 연구소는 양국의 교류 증진을 위한 중국 문화 이해의 중요성을 절감하고 《중국문화시리즈》를 기획하여 발간하게 되었다. 《중국문화시리즈》는 주로 학문적 관점에서 중국을 연구해온 본 연구소가 중국문화의 대중적 이해를 도모하기 위해 준비한 것이다. 중국 문화의 다양한 면모를 다량의 화보와 함께 쉽게 풀어쓴 본 시리즈를 통해 중국 문화의 저변이 확대되고, 이해의 지평도 넓어지길 기대해본다. 중국의 음악·영화·문학·사회·지리·사상·의복 등 다양한 관점에서 기술된 본 시리즈를 통해 과거와 현재 중국의 문화적 특징이 이해될 수 있을 것이다.

　《중국문화시리즈》는 고려대학교 중국학연구소가 진행하고 있는 다양한 저술 사업 가운데 하나이다. 그간 본 연구소는 중국학총서, 중국역사인물총서 등을 기획하여 발간함으로써 국내 중국학의 위상을 제고하기 위해 노력해왔다. 중국학 관련 연구자의 최신 저작 및 번역물을 선별하여 출판하고 있는 중국학총서는 전문 연구자를 위한 시리즈로 국내 중국학 연구의 깊이를 더하는데 일조하고 있다. 중국 문학·역사·철학의 대표적 인물 100인을 선정하여 그들의 일대기를 전기 형식으로 출판하고 있는 중국역사인물총서는 교양서이며, 중국 문인의 삶과 문화의 향기를 접할 수 있다. 중국은 인문학적 전통이 강한 나라로 중국 학문의 정수는 인문학이라고 할 수 있으며, 중국 인문학의 정수는 다양한 형식으로 발전된 문화에서 찾을 수 있다. 한중간의 교류 증진과 상호 이해를 위해 중국의 유구하고 다양한 문화에 대한 이해가 선행되어야 하는 것이다. 본 연구소의《중국문화시리즈》기획은 이러한 필요성에서 이루어졌다.

《중국문화시리즈》는 2년여의 기획을 거쳐 주제와 저자가 결정되었다. 본 시리즈의 발간을 위해 연구소 연구교수, 연구원, 관련 연구자들은 중국 문화 관련 다양한 서적을 살펴보았다. 또 국내에 출판된 관련 서적들 역시 꼼꼼하게 조사하여 소개되지 않은 부분을 위주로 저술 목록을 선정하였다. 이를 바탕으로 중국학과 관련하여 뛰어난 연구 성과를 자랑하는 관련 저자를 섭외하였다. 수고를 아끼지 않은 저자, 연구교수, 연구원, 관련 연구자들에게 이 지면을 빌려 다시 한 번 감사의 말씀을 전한다.

끝으로,《중국문화시리즈》의 기획, 자료 조사, 제목 선정, 필자 섭외, 재정 지원 등을 묵묵히 협조해주고 지지해주면서도 항상 한 발 물러서 계시는 분들에게 진심으로 고마움을 표한다. 더불어 본 시리즈의 출판을 위해 기꺼이 궂은일을 맡아주신 도서출판 문의 대표님, 편집과 교정에 수고를 아끼지 않으신 분들 모두에게 감사의 마음을 전한다.

2010년 11월, 고려대학교 중국학연구소 소장 최규발

서문

  도시를 조금만 벗어나도 금세 어둠을 만날 수 있다. 처음 중국에 간 것은 1996년, 난징(南京)이었다. 당시 나는 대학의 기숙사가 아닌 학교밖에 위치한 아파트에서 살았다. 학교에서 모임이라도 있을 경우에는 해가 진 후 돌아오기 마련이었고 그때마다 가로등도 없는 밤길을 더듬더듬 걸어와야 했다. 그렇게 몇 달이 흐르니 어둠도 자연스레 익숙해졌다. 그러던 어느 날 전공 서적을 구하러 상하이로 나가게 되었다. 서울에서만 이십여 년이 넘는 시간을 보내며 대도시의 휘황찬란한 색채들을 경험했던 나에게 당시 상하이, 특히 와이탄의 불빛이 전해 준 느낌은 황홀 그 자체였다. 이제 다시 밤을 밝히고 있는 도시의 빛들이 가끔은 불지옥처럼 느껴지곤 하지만 말이다.

  중국 근대 상하이 조계지역의 차관 관련 자료를 찾고 정리하는 과정에서 문득 이런 생각이 들었다. 어쩌면 지금 내가 이미 빛에 익숙해진 시선으로 밝음과 어둠을 바라보고 있는 것은 아닌지. 그렇다면 어둠과 밝음이 주는 상대적인 감각을 어떻게 체득하고 또 인지해야 하는 것인지.

  기호이자 상징이었던 '커피(COFFEE)'와 '스타벅스(STARBUCKS)' 문자가 스타벅스의 로고에서 사라질 준비를 하고 있다. 치명적인 바다 요정 사이렌(Siren)만이 도시인들에게 유혹의 미소를 보내려 한다. 어쩌면 조만간 스타벅스에서도 상하이 차관에서처럼 이야기와 공연을 감상할 수 있을지 모른다.

  설렘과 두려움으로 시작했던 차관으로의 기나긴 여행이 끝나간다.

무수한 타자들과의 대면이자 자아 성찰의 기회였다. 한 권의 책으로 엮어질 수 있도록 도움을 주신 모든 분들에게 진심으로 감사의 말씀을 전한다. 중국학연구소 최규발 소장님의 격려가 없었더라면 떠날 엄두도 내지 못했을 것 같다. 여행 내내 나침반이자 사진사가 되어 준 남편, 이야기에 날개를 달아주고 또 첫 번째 독자가 되어 준 든든한 첫째, 지친 여독을 늘 단번에 날려주던 사랑스러운 둘째, 내 삶의 강렬한 존재 이유이다. 아마도 누구보다 기뻐하셨을 부모님께 이 책을 바친다.

2011년 1월
문정진

차례

발간사/5
서문/7

제1장 여행과 차관 ·· 013

아이스크림과 찻집··· 015
호심정(湖心亭) 옆 루보랑(綠波廊)···························· 016
차관(茶館)이라는 명명(命名)··································· 018

제2장 차와 차관 ·· 021

차를 마신다는 것, 그것은 ······································ 023

신비의 명약에서 생활필수품으로····························· 023
실크로드를 따라·· 024
나라를 지킨 차 상인들·· 026
차, 중국의 문화로··· 026
달콤 씁쓸, 경국지미(傾國之味)································ 029

차관에서 중국을 만나다 ·· 032

누가 거리에서 차를 팔라 했나································ 032
차를 마시니 정신이 맑아지더라······························· 033

　　　　명품 차의 탄생, 취향을 만들다 ……………………… 034
　　　　차와 함께 시간을 향유한 사람들 ……………………… 036

　　현재적 차관 …………………………………………………… 040
　　　　『차관(茶館)』으로 읽는 중국 근현대사 ……………… 040
　　　　상품으로 부활하는 제국의 영광 ……………………… 042
　　　　사진과 기록이 불러 온 기억 여행 …………………… 048
　　　　재현된 라오상하이(老上海) 차관 …………………… 049

제3장 도시와 차관 ……………………………………………… 053

　　모던 도시 상하이 …………………………………………… 055
　　　　마도(魔都), 유혹의 소나타(Sonata) ………………… 055
　　　　치파오와 조계(租界), 소비의 주체 …………………… 058
　　　　신 상하이 10경(景), 경관의 변화 …………………… 060
　　　　와이탄(外灘) 산보객, 문명의 통로 …………………… 063

　　근대 상하이 차관 …………………………………………… 067
　　　　플라타너스 그늘 아래 비파소리 ……………………… 068
　　　　화사하고 내밀한 사쿠라의 봄빛 ……………………… 070
　　　　때로는 본능으로 때로는 상술로 ……………………… 073
　　　　이주민을 사로잡은 서비스의 품격 …………………… 075

　　이유 있는 변신 ……………………………………………… 079
　　　　차관 위 연관(煙館) ……………………………………… 079
　　　　차관 안 극장(茶園) ……………………………………… 081
　　　　차관 뒤 욕탕(浴湯) ……………………………………… 084
　　　　차관 옆 객잔(客棧) ……………………………………… 086

제4장 차관 오디세이 ·········· 089

감성을 깨우다 ·········· 093
- 볼거리를 찾아 ·········· 093
- 새로운 경험하기 ·········· 095
- 오감(五感) 자극 ·········· 097

소통을 꿈꾸며 ·········· 101
- 이야기꾼의 무대, 공연 메카 ·········· 102
- 소개소와 해결사, 메신저 ·········· 104
- 민사 사건 조정실, 사설 법정 ·········· 106
- 사교와 거래 사이, 차 모임 ·········· 107

그들만의 공간 ·········· 114
- 어르신과 늙은이, 노년(老年) ·········· 115
- 유희는 교양이 되어, 문인(文人) ·········· 117
- 스타와 영웅 사이, 기녀(妓女) ·········· 118
- 산문을 나서 속세로, 승려(僧侶) ·········· 121
- 경박한 쾌락을 위해, 청년(少年) ·········· 122
- 여전히 문제적인 건달, 유맹(流氓) ·········· 125

제5장 차관과 일상 ·········· 129
- 찻잔 속의 욕망 ·········· 131
- 차 한 잔의 예술 ·········· 132
- 일탈과의 화해 ·········· 135

참고자료/137

찾아보기/139

제1장

여행과 차관

아이스크림과 찻집

호심정(湖心亭) 옆 루보랑(綠波廊)

차관(茶館)이라는 명명(命名)

아이스크림과 찻집

어느 해 겨울 쓰촨성(四川省)을 여행하면서 상하이의 번화가 난징둥루(南京東路)를 그대로 본떠 만든 청두(成都)의 한 거리를 지나게 되었다. 그리고 그곳에서 유달리 눈에 띄는 광고 하나를 접했다. 다름 아닌 한 아이스크림 상점의 '아이스크림 훠궈(火鍋)' 사진이다. 훠궈는 쓰촨 지역을 대표하는 요리로 향료 및 재료의 배합에는 다소 차이가 있으나 기본적으로 샤브샤브를 떠올릴 수 있는 음식이다. 청두 지역의 곳곳에 퍼져있는 훠궈 가게와 함께 아이스크림 훠궈를 만든 상품 개발력에 저절로 눈이 가는 광고였다. 그런데 흥미롭게도 본인이 살고 있는 상하이로 돌아와 보니 이 훠궈는 상하이에도 있었고, 또 그 이전의 여행지 베이징(北京)에도 있었다. 다만 본인의 눈에 띈 것이 여행 중, 그것도 문화적 유래를 지니고 있는 청두에서였던 것이다. 생활인과 관광객, 그 신분에 따라 응시의 대상 및 정도가 달라질 수 있음을 확인한 순간이었다.

청두에서 시야에 들어 온 또 한 가지는 바로 명승지 혹은 거리의 발길 닿는 곳마다 곳곳에 포진해있던 찻집들이다. 쉴 새 없이 견과류를 먹으며 담소를 나누는 찻집의 사람들이 준 느낌은 참으로 기묘했다. 결국 바쁜 걸음을 재촉하던 반나절의 관광 일정을 포기하고 그들 속에서 한참을 그렇게 머무르고 말았다. 특별한 난방 설비가 갖춰지지 않은 실내보다 따뜻한 햇살 아래에서 여유로움을 만끽하며 마시던 차향의 여운이 아직 남아있는 듯하다. 그리고 그때 그 기억은 이렇게 지금 중국 차관에 대한 미련을 버리지 못하고 컴퓨터 앞에 앉아 있는 결정적인 원동력이다.

호심정(湖心亭) 옆 루보랑(綠波廊)

지리적으로 가깝다는 이유가 가장 크겠지만 주 5일제가 시행된 이후 주말을 이용해 혹은 방학이나 휴가를 이용해 중국을 다녀오는 사람들이 꽤 많아졌다. 중국의 단기 여행 상품 중 상하이를 선택할 경우 빠지지 않고 들르는 곳 중 하나가 예원(豫園, 위위안)이다. 그리고 예원의 상징, 귀신이 들어오는 것을 막기 위해 아홉 번 구부려 만들었다는 다리(구곡교, 九曲橋)를 건너다보면 만나는 곳이 바로 호심정(湖心亭, 후신팅)이다. 호심정은 차를 마실 수 있는 누각(茶樓, 차러우) 즉 찻집이다. 사방이 물에 둘러 싸여 있고 양쪽이 구곡교와 통한다. 난간에 기대 앉아 물고기를 감상할 수도 있는데다 바람 따라 자리에 까지 풍겨 오는 연꽃 향기는 그야말로 "속세에서 느낄 수 없는 맑은 세계"이다.

호심정 옆에는 루보랑(綠波廊)이라는 이름을 가진 레스토랑

상좌) 근대 예원과 구곡교. 주변의 구식 건물은 현대식 빌딩으로 바뀌었다.

상우) 예원구곡교와 금무. 호심정 왼편에 보이는 두 고층 빌딩은 환추중신(環球中心)과 진마오따샤(金茂大廈)이다.

하) 호심정의 왼편으로 상하이의 상징 둥팡밍주(東方明珠, 동방명주)가 보인다. 호심정 옆 루보랑 오른편에는 스타벅스가 있다.

(酒樓)이 있다. 이곳은 상하이를 방문한 엘리자베스 2세와 미국 대통령 클린턴 부부 등 유명 인사들이 예원에 들렀다 식사를 한 곳으로 유명해진 상하이 음식 전문 식당이다. 그런데 이곳이 처음 예원 옆에 지어진 명대(明代)에는 누각의 형태를 띤 다방(茶坊), 즉 찻집이었다. 러푸랑(樂圃廊)으로 이름을 바꾼 1924년경에는 호심정과 쌍벽을 이루기도 했다. 하지만 라오상하이(老上海)의 소비문화가 퇴폐적 자본주의 문화의 상징으로 중국 공산당의 지탄을 받기 시작하면서 1950

년대 말 그 문을 닫게 된다. 그리고 1979년 관광 사업의 발전과 함께 국내외 내빈들을 맞이할 장소가 필요해지면서 루보랑이라는 이름의 식당(餐廳)이 생겨났다. 현재의 루보랑주러우(綠波廊酒樓)는 2007년 명청(明淸)대의 외관으로 재탄생한 것이다.

차관(茶館)이라는 명명(命名)

중국 근대 상하이 찻집은 우리의 찻집과도 다방과도 카페(cafe)와도 유사하다. 하지만 이들과 분명 다르기도 하다. 우리의 찻집과 비슷하다고 할 경우 선뜻 떠올릴 수 있는 '전통'이라는 수식어와는 달리 적어도 근대의 찻집은 상당히 '현대'적인, 그리고 역동적인 공간이었다. 다방의 경우, 우리 문화 속 다방도 단순히 차만 파는 공간이 아니기는 했지만 중국 근대의 찻집은 우리보다 훨씬 다양한 기능이 더해져 있었다. 또 근대 상하이 찻집이 중서(中西)의 특징을 결합시킨 공간이기는 하지만 그래도 외래어를 그대로 차용한 카페라고 하기에는 여전히 중국적인 특색이 강하다. 차를 마시는 공간으로 다실이라는 용어도 있다. 그런데 다실은 풍류를 즐길 수 있는 '애호가의 집'이라는 뜻의 일본 스키야(數寄屋)를 떠올리게 하며 간소함과 청정함의 느낌을 먼저 전해준다. 화려하고 커다란 규모를 자랑했던 근대 상하이 차관과는 그 이미지 상 다소 거리가 있다.

중국에서도 차를 마시는 공공장소를 가리키는 명칭은 다양하다. 다사(茶肆, 차쓰), 다방(茶坊, 차팡), 다료(茶寮, 차랴오), 다포(茶鋪, 차푸), 다실(茶室, 차스), 다루(茶樓, 차러우), 다관(茶館, 차관) 등 여러 가지이다. 이 가운데 '다루'는 층층 누각 형태로 지어진 외관에 주목한 용

좌) 엽서 속 오층 다루 사진을 통해 근대 상하이 차관의 화려함을 엿볼 수 있다.
우) 상하이 역사박물관에 재현되어 있는 근대 차관.

어로서 규모가 큰 근대 상하이 찻집을 가리킨다. 하지만 청대(清代) 이후 지금까지 비슷한 기능을 가진 공간을 가리키는 용어들 가운데 가장 보편적으로 쓰이고 있는 것은 '茶館'이다. 그런데 여기에서 한 가지 고려해야할 것이 있다. '茶館'을 차관이라고 읽을 것인가 다관이라고 읽을 것인가이다. 결국 '茶'의 발음이 '차'인지, 아니면 '다'인지의 문제이다. 이는 차의 전래와 밀접히 관련되어 있다. 차라는 용어는 세계 무역 통로, 즉 그것이 육로였는지 해로였는지에 따라 광둥어(廣東語)인 CHA와 푸젠어(福建語)인 TAY(TE) 두 계통의 언어로 나뉘어 쓰이고 있기 때문이다. 그리고 우리에게 전해진 CHA는 다시 '차'와 '다' 두 가지 음을 지니게 되었다. 보통 차만을 말할 때는 '차'로, 차와 관련된 기타의 것들을 가리킬 때는 '다'로 발음한다. 그래서 '茶館'은 일반적으로 '다관'으로 읽힌다. 하지만 그렇다고 '茶館'을 다관으로 명명하는 것이 명쾌해지는 것은 아니다. 라오서(老舍)의 작품 『차관(茶館)』이 이미 한국에서 '차관'으로 불리고 있다는 점을 떠올리면 더욱 그러하다. 또한 현재 중국어 표기법상 '茶館'의 'cha guan'을 한국어 발음으로 옮기면 차관이 된다. 그래서 이 책에서는 '茶館'이 지닌 문화공간으로서의 역동성에 초점을 맞추고, '茶館'이 담아내고 있는 역사성과 중국어 표기법 등을 고려하여 중국 근대 상하이 다루를 '차관'이라 명명한다.

제2장

차와 차관

차를 마신다는 것, 그것은

신비의 명약에서 생활필수품으로 | 실크로드를 따라 | 나라를 지킨 차 상인들
차, 중국의 문화로 | 달콤 씁쓸, 경국지미(傾國之味)

차관에서 중국을 만나다

누가 거리에서 차를 팔라 했나 | 차를 마시니 정신이 맑아지더라
명품 차의 탄생, 취향을 만들다 | 차와 함께 시간을 향유한 사람들

현재적 차관

『차관(茶館)』으로 읽는 중국 근현대사 | 상품으로 부활하는 제국의 영광
사진과 기록이 불러 온 기억 여행 | 재현된 라오상하이(老上海) 차관

01
차를 마신다는 것, 그것은

신비의 명약에서 생활필수품으로

　　　　중국인들이 어떻게 차를 마시게 되었는지는 신농, 편작, 달마, 그리고 『삼국지(三國志)』의 유비에 이르기까지 그 기원과 설이 다양하다. 그리고 그 공통점은 차가 해갈 기능과 함께 해독의 작용을 가진 신비스러운 명약(名藥)이었다는 점이다. 거의 만병통치약에 가깝다.

　　　　진한(秦漢) 시대까지 귀족 등 상류층을 중심으로 유통되던 차는 인공 재배에 성공을 거두며 삼국시대에 이르면 차 생산 지역이 쓰촨에서 강남(江南, 장난)과 절강(浙江, 저장)의 연안 동부로까지 확대된다. 당대(唐代)에 차는 세금(茶稅)이 징수될 정도로 유통량이 확대되며 대중적인 상품이 된다. 차와 관련된 것으로 빼놓을 수 없는 중요한 서적은 『다경(茶經)』이다. 이 책의 저자 육우(陸羽)는 여러 가지 과실 혹은 열매를 섞어 끓여 백비차(百沸茶)라고 불리던 차를 달여서 소금만 넣는 방식으로 변화시킨다. 또한 도(荼), 가(檟), 설(蔎), 명(茗), 천

좌) 탕원다방 입구에 놓인 육우의 상. 매일 아침 새로운 차가 올려 진다.

우) 상하이 탕원다방 입구에 마련된 전시 공간.

(茶) 등 차를 의미하는 다양한 글자들 가운데 점차 주도적인 문자로 '차(茶)'가 부상한 것도 이 시기이다. 차가 중국인들의 일상과 함께하기 시작한 것은 송대(宋代)였던 것으로 보인다. 일곱 가지 생활필수품(開門七件事; 땔나무, 쌀, 기름, 소금, 식초, 장 그리고 차) 가운데 하나로 차가 포함되었으며, 늘 있는 사소한 일을 가리키는 말을 '일상다반사(日常茶飯事)'라고 했으니 생활 속에서 차가 차지하는 비중이 얼마나 컸는지 알 수 있다.

실크로드를 따라

당대 이전 우리가 한 번쯤 들어봤을 이름 실크로드(Silk Road)를 따라 운반되던 주요 교역 물품은 그 이름에서 알 수 있는 실크와 지금은 중국의 일부가 된 서북지역의 말이었다. 그래서 견마(絹馬) 무역이라고도 불렀다. 송대에는 이미 당대부터 시작된 차와 말

차마고도(茶馬古道)는 서남 실크로드의 중심축이다. 티베트와 중국 남부의 윈난(雲南)성 및 쓰촨(四川)성을 잇는 교역 네트워크를 가리킨다. 양 지역의 대표적인 교역품의 명칭을 빌려 차마고도라고 부른다(출처: 국립중앙박물관).

의 교역량이 상당 부분을 차지하며 그 이름도 차마(茶馬) 무역으로 바뀐다. 지대가 높고 한랭한 서북지역의 민족들은 목축으로 생계를 삼아 주식 역시 소와 양 등의 육식이었다. 그래서 늘 야채를 통한 영양이 부족했다. 이들에게 갈증을 해소하고 소화를 돕는 차는 부족한 영양분을 공급할 수 있는 식량만큼이나 중요한 물품이었다.

교역량의 증가와 함께 차에 적용된 송나라의 전매정책은 당시 재정 수입의 25%가 차로부터 나온 것이라고 할 정도로 송 정부에게 막대한 이익을 가져다주었다. 이미 생활필수품으로 자리 잡고 있었던 차를 일반 백성들은 비싼 가격에라도 사지 않을 수 없었기 때문이다. 소금과 차를 통해 상당한 부(富)를 축적할 수 있었던 송나라 귀족들의 사치 풍조는 결국 중국의 정치 중심지인 황허(黃河)강 유역을 비롯한 일부를 여진족에게 빼앗기는 결정적인 요인으로 작용한다.

나라를 지킨 차 상인들

여진족은 금(金)을 세웠고 양자강 유역의 임안(臨安, 지금의 항저우)을 수도로 삼은 송은 남송(南宋)으로 불리게 되었다. 그런데 여진족이 점령한 화베이(華北)지역에서는 차가 생산되지 않았다. 차를 남송으로부터 수입할 수밖에 없었던 것이다. 늘어나는 차의 소비로 그 비용에 대한 지출도 커져갔다. 이에 금의 장종(章宗)은 차의 사용을 제한하는 제도, 식차제(食茶制)를 마련한다. 물론 이미 생활필수품이 되어버렸던 차를 제한하는 금지령이 지켜지기는 어려웠다. 이로 인해 북송(北宋) 때는 전매법을 어기고 암거래를 하는 장사꾼들이 정부의 정책에 반란을 일으키기도 했다. 그러나 이미 반란을 평정할 힘이 없어진 정부는 이들을 용서하고 군대에 편입하여 '다상군(茶商軍, 차 상인으로 만들어진 부대)'을 조직한다. 다상군은 금의 군대가 침입하였을 때 용감하게 싸워 몇몇 전투에서 승리하기도 했다. 그런데 차 상인 부대가 승리한 원동력은 애국심이 아니라 차의 밀거래 사업이 금나라 때문에 방해 받는 것을 그냥 보고만 있을 수 없었기 때문이라고 한다. 당시 차의 유통과 판매가 지녔던 사업적 매력을 짐작할 수 있다.

차, 중국의 문화로

천차만별의 차 가격이 형성된 송대 이후, 차는 제조하는 방법과 그 마시는 방법 또한 다양해지고 세련되었다. 송대는 덩이차(團茶, 단차)와 더불어 고형차를 가루로 만든 후 그릇에 가루차(抹茶, 말차)를 넣고 뜨거운 물을 부어 솔로 저은 다음 거품(乳花)을 일으켜 차를 마시는 방법(點茶法)이 성행했다. 그런데 그 차를 그냥 마시기만 한 것이 아니었다. 거품을 내는 과정에서 거품을 이용해 글자나 물고기, 화초, 동물과 같은 여러 형상들을 만든 것이다. 시각적인 즐거움이 제공되었고 또 사람들은 이를 보기 위해 모여들었다. 요즘의 라떼아트와 유사하다. 송대 사람들에게 차가 지닌 의미는 단순한 음료 이상이었음을 알 수 있다.

차를 마시는 또 다른 방식 중 하나는 일상생활에서 몽골의 영향을 받던 원대(元代), 차에 향신료나 버터를 넣고 마시던 몽골인들의 음다법(飮茶法)이다. 술이나 쟈스민의 향을 넣은 향편(香片)과 갓 피어난 연꽃에 찻잎을 넣어 그 향을 섞은 연화차(蓮花茶), 차에 녹두를 볶아 섞기도 하고 버터를 넣은 난고차(蘭膏茶) 등 다양한 방식의 차가 기록으로 전해지고 있다.

차를 마시는 풍습이 일반화되면서 다구(茶具)의 수요 역시 급증하게 되는데, 이는 동기(銅器)의 주조금지령(鑄造禁止令)과 맞물려 도자기 산업의 발전을 촉진시켰다. 이 시기 대량으로 제작된 도자기는 당시 주요 해외 수출 품목 중 하나였다. 특히 은은한 청색 백자로 푸른 그림자라는 별칭을 지닌 징더전요(景德鎭窯)의 청백자 영청(影靑)은 서역 시장의 인기 물품이었다. 징더전은 현재 중국이 차이나(China)라고 불리게 된 근원지이기도 하다. 도자기의 도시 징더전의 옛 이름 창난(昌南)에 대한 서양인들의 발음이 바로 차이나였기 때문이다.

차에 더해진 갖가지 재료가 빠지고 요즘과 같이 순수한 차만을 마시는 방식이 대중화 된 것은 명대(明代)에 와서이다. 명 태조 주원장은 찻잎을 그대로 이용하는 잎차(散茶)를 적극 권장하였다. 차

신티엔디(新天地) 차관 내부에 전시된 다호(茶壺)

상하이라오제(上海老街) 차관 내부에 전시된 다구(茶具)

를 찌는 대신 덖기 시작한 것이다. 덩이차(團茶)는 제다(製茶) 시 씻고 찌는 과정에서 차의 고유한 맛과 향기가 없어진다. 반면 잎차는 그 덖는 방식에 따라 맛과 향기가 다른 차의 생산이 가능했다. 저렴하면서도 다양한 차를 대량으로 생산할 수 있게 되었다. 결국 이러한 제다법의 변화는 중국 각지의 차들을 명차(名茶)로 등장시키는 계기가 된다.

차를 만드는 방법이 바뀌자 차를 마시는 방법에서도 변화가 생겼다. 차를 끓이는 대신 우려서 마시는 방법(泡茶法)이 성행하게 된 것이다. 차를 마시는 방식이 바뀌니 차를 마시는 도구(茶具)에도 변화가 일었다. 그중 가장 두드러진 것은 기존 다호(茶壺)보다 크기가 작은 자사호(紫沙壺, 쯔사후)의 등장이다. 다기를 만들 재료로 적합하지 않다고 여겨졌던 자사(紫沙)는 예인(藝人)으로 추앙받는 도공들의 노력을 거쳐 "자색 옥과 빛나는 황금처럼 귀한 동방의 영롱한 보석 구슬(東方明珠, 紫玉金砂)"이라는 칭호의 자사호로 거듭나게 된다. 자사호는 그 안에 담긴 차의 품격에 철학적 깊이까지 더해 주며 "인간과 자연의 조화가 깃든 다기 미학의 정화"로 평가받고 있다.

달콤 씁쓸, 경국지미(傾國之味)

우리에게 자스민차라는 이름으로 알려진 모리화(茉莉花)차는 꽃 향을 녹차에 더한 화차(花茶)이다. 말린 꽃잎 혹은 작은 꽃봉오리를 직접 넣어 마시는 화차가 유행하기 시작한 청대(淸代)의 차 문화는 큰 틀에서 지금과 거의 유사하다. 건륭제(乾隆帝) 때에는 시후 룽징(西湖龍井) 18그루의 차가 어차(御茶)로 봉해지면서 명성이 높아진 룽

징차를 비롯해 각 지역의 명차들이 대량으로 생산되었다. 차 종류만 100여 가지가 넘을 정도이다. 18세기 청차(靑茶)의 기술이 대만으로 건너가 우룽차(烏龍茶)가 된 것도, 영국인의 입맛을 사로잡은 홍차(紅茶)가 처음 등장한 것도 이 시기이다.

유럽에 처음 소개된 중국의 차는 사회적 신분 그 자체였다. 특히 1660년 영국의 찰스 2세가 캐서린 공주와 결혼하면서 차는 급속히 귀족 사회에 파고들었다. 이후 19세기 중반 무렵 값이 저렴해진 설탕이 첨가되면서 차는 거의 모든 식사에 함께 하며 식탁에서 빠질 수 없는 에너지 공급원이 되었다. 물론 여기에 상류층의 낭비와 사치, 그리고 부도덕에 대한 대항이라는 상징적인 의미까지 더해져 차는 점차 모든 계층에서 마시는 음료가 되었다.

영국을 비롯한 유럽의 상류사회에서 차가 유행하면서 영국은 동인도회사를 통해 중국으로부터 막대한 양의 차를 수입해왔다. 당시 동인도회사를 통해 유럽으로 차를 수입해 오던 영국이 찻값으로 지불한 것은 은(銀)이었다. 그런데 차와 함께 수입해 오던 비단과 도자기 등의 수입량이 약간의 모직물과 향료에 불과한 수출품에 비해 워낙 많아 영국에서는 은 부족 현상이 심화되었다. 이에 영국은 인도 식민지를 통한 대체 물품을 찾아 중국에 수출함으로써 다시 은을 획득하는 방법을 강구하기 시작한다. 그때 선택된 것이 인도에서 재배되기 시작한 아편이다. 대량의 아편이 점차 중국으로 유입됨에 따라 이번에는 중국에서 은 유출 문제가 야기되었다. 뿐만 아니라 늘어나는 아편 중독자는 심각한 사회 문제로 대두되었다. 결국 단속의 실질적인 효과를 거두지 못한 청나라 정부는 영국 상인에 대한 대대적인 아편 몰수를 감행하기에 이른다. 이에 대한 영국

예원 상가 안의 스타벅스

의 보복으로 시작된 것이 아편전쟁(阿片戰爭, 1839-1842)이다. 전쟁에서 패배한 중국은 홍콩을 영국에 양도하고 배상금 명목으로 2천100만 달러를 지불해야 했으며 상하이를 비롯한 다섯 개 항을 개방한다.

　　　동서양의 기운마저 바뀌가며 그 영화를 지속할 듯 했던 차의 위상은 많이 바뀌었다. 아쉽게도 (여전히 혹은 아직) 요즘 차를 마신다는 것, 그것은 그다지 화려하거나 세련된 라이프스타일로 여겨지지 않는다. 스타벅스와 같은 커피전문점에 앉아 커피를 한 잔 마시는 것이 주는 도회적인 느낌에 비하자면, 찻집에 앉아 마시는 차 한 잔의 여유와 한적함이 주는 분위기는 오히려 느리기만 하다. 그렇다면 이런 느낌은 진정 커피와 차, 음료의 차이에서 만들어진 것일까? 수백 년 전 캐서린 공주가 느꼈을 신비스러움의 상징이자 새로운 문화의 지표였던 차와 지금의 차는 다른 것일까? 도대체 언제부터 그리고 무엇 때문에 차의 이미지에 변화가 생긴 것일까? 이것이 차를 마시는 공간, 차관을 주목한 이유이다.

02

차관에서 중국을 만나다

차관이란 말이 보편화된 것은 청대 이후이다. 고정된 장소나 상점에서 사람들에게 차를 마시며 휴식할 수 있는 공간을 제공하고 제공된 차가 상품으로 여겨지고 있다면 중국 사람들은 이를 차관이라고 부른다. 어느 장소에서나 사람들이 모여 차를 마실 수는 있지만 그 마시고 있는 차가 공짜라면 그곳은 차관이 아니다.

누가 거리에서 차를 팔라 했나

중국에서 차가 최초로 상품화된 것은 위진남북조(魏晉南北朝) 시대였던 것으로 보인다. 동진(東晉)의 한 노부인이 매일 아침 그릇 하나를 들고 시장에 나와서 차를 팔았다. 사람들은 앞 다투어 차를 사서 마셨다. 그런데 신기하게도 아침부터 저녁까지 팔던 단지 속 차가 줄어들지 않자 사람들이 기이하게 여겼고, 마침내 그 노부인은 풍기를 어지럽힌다는 이유로 처벌을 받는다(『광릉기로전(廣陵耆老傳)』).

물론 이 노부인은 거리에 나와서 차를 팔았으니 엄밀한 의미에서 차관이라기보다 일종의 노점 찻집(茶灘)이라고 할 수 있겠다. 당시는 아직 차가 대중들에게 상품화되기에는 2% 부족한 사회였던 것이다.

차를 마시니 정신이 맑아지더라

차관이 중국 사회 속에서 중요한 의미를 지닌 공간이 된 것은 당대 이후이다. 사람들이 일상의 노동에서 벗어나 집이 아닌 다른 공간에서 차를 마실 수 있는 여유를 갖기 위해 필요한 최소한의 경제적 여건을 갖춘 것이 당대인 것이다. 당대에는 크고 작은 도시에서 활발한 상업 활동이 이루어졌다. 관리와 상인 등을 비롯한 중·장거리 여행객들이 쉴 수 있는 공간이 필요했고, 이러한 공간이 차관의 최초 모습이라고 할 수 있다. 또한 당대 불교의 전파와 더불어 차를 마시는 풍속은 북방으로까지 확산되며 차관의 형성을 촉진했다. 차를 파는 행위가 기이하게만 여겨졌던 진대(晉代)에서 도시 경제의 발전과 더불어 차관이라는 장소가 하나의 업종으로 형성되기까지 500-600년의 시간이 걸린 것이다.

남방 사람들은 차 마시기를 좋아했지만 북방 사람들이 처음부터 차를 즐긴 것은 아니었다. 개원 중기 태산의 영엄사 강마선사가 선교(禪敎)를 크게 일으켰다. 선을 배우려면 잠을 자지 않고 많이 먹지 않아야했다. 오로지 차 마시는 것만이 허락되었으니 사람들은 찻잔을 들고 곳곳에서 차를 마셨다. 이때부터 사람들은 이를 따라 배우게 되었고 이는 점차 풍속이 되어갔다. 마을과 도시 도처에서

점포를 열고 차를 끓여 팔았는데, 승려와 민간인 모두 돈을 내고 차를 마셨다. 신분을 불문하고 거리의 상점에서 차를 사서 마셨던 것을 알 수 있다(봉연(封演)의 『봉씨문견록(封氏聞見錄)』 6권 「음다(飮茶)」).

정신을 맑게 하여 승려들에게 애용되던 차가 일반 백성들에게도 전파된 것을 알 수 있다. 당시 상점에서 제공하던 차는 오늘날 한약재를 달이듯 달여 낸 것으로 이미 다 달여진 차를 팔기도 했으며 손님이 오면 그 자리에서 달여 팔기도 했다. 물론 당대의 차관이 온전히 차만 팔던 곳은 아니었다. 전문 차관은 송대를 기다려야 한다.

명품 차의 탄생, 취향을 만들다

송대의 상품 경제와 도시 규모는 당대에 비해 한층 더 발전하였다. 대량의 인구가 도시로 유입됨에 따라 그들이 기거하고 먹고 마시며 즐기고 정보를 교류할 필요도 생겨났다. 사람들이 모이는 곳 어디에나 차관이 있었다. 『동경몽화록(東京夢華錄)』에 따르면, 후량(後梁)과 북송의 수도였던 개봉(開封), 즉 변경(汴京)의 반루가(潘樓街) 동쪽 종행각다방(從行角茶坊)은 매일 5경이면 불을 밝히고 영업을 시작하여 시장이 파하는 밤까지 문을 열었다고 한다. 낮에 문을 연 차관에서는 주로 차를 마시며 상품 교역 등이 이루어졌고, 밤에 문을 연 차관에서는 유흥업이 주로 이뤄졌다. 차관에는 사시사철 특별한 차(茶湯)들을 팔았고, 찻잔을 두드리며 부르는 노래 소리가 들려왔으며, 도자기 잔이나 옻칠을 한 차탁(茶卓)을 팔기도 했다. 또한 차관의 입구에는 관상용 화초와 진기한 분재가 진열되었고, 실내에는 사계절 꽃 장식과 명인들의 그림이 걸려 있었다. 이제 차관의 실내 장식에도 관심을 갖게 된 것이다. "경사인 개봉 유흥가에 작은 찻집이 있었는데 조용함과 청결함이 일품이었다. 그릇, 의자, 탁자 등이 모두 아름다웠기 때문에 차가 매우 잘 팔렸다"는 기록은 이후 차관의 발전 방향을 엿볼 수 있게 해준다.

지금의 항저우로 수도를 옮긴 남송(南宋)에서도 전대 형성된 차관의 성행은 지속되었다. 기녀들이 고용된 수다방(水茶坊)과 화다방(花茶坊), 사대부와 문인들이 모이는 다사(茶肆), 그리고 이러한 두 기능을 합친 대다방(大茶坊)도 있었다. 다양한 계층의 사람들이 이용했던 남송의 차관은 상담 장소로서의 기능도 있었고, 노래를 부르는 오락의 장소로도 사용되었다. 송 이후 차관들이 비록 시대적 분위기에 따라 다른 분위기를 풍기는 것은 사실이지만 그 기본 틀은 송대에서 크게 벗어나 있지 않다.

송대에는 차 생산지가 확대되어 생산량 역시 크게 증가한다. 이로 인한 가격 하락은 송대 차가 일상 속으로 스며들어 생활필수품이 된 주요 이유이기도 하다. 늘어난 차 소비는 차 제조 기술까지 신속하게 발전시켰다. 오늘날까지도 유명한 중국의 명차(名茶)들이 만들어진 것도 바로 이때이다. 종류와 가격이 다양해진 차는 사람들로 하여금 차를 골라 마실 수 있게 했고 사람들에게는 특별히 좋아하는 차가 생겨났다. 중국 차 문화의 특징으로 놀이 문화를 말할 수 있는 본격적인 시대에 들어선 것이다.

차와 함께 시간을 향유한 사람들

「투다도(鬪茶圖)」
(조맹부(趙孟頫), 원대)

한족을 중심으로 중국 역사를 말할 때 원대(元代)는 이민족의 시대였다. 하지만 차 문화로 보자면 중원의 차가 유목민족의 문화와 만난 중요한 계기였다. 이 시기에 나타난 덖음 잎차가 차관의 성행에 준 영향도 상당하다. 또한 이전 시기와 비교할 수 없을 정도로 그 활동에 제한을 받았던 원대의 한족 지식인에게 남는 것은 시간이었다. 그들은 차관에서 당시 성행하던 문학 양식인 연극 대본(元曲)을 구상했고 그 가운데에 차와 관련된 『다곡(茶曲)』과 『다사(茶肆)』에 관한 작품들도 발견할 수 있다. 차관 하면 가장 먼저 떠오르는 사람들이 문인들인 것은 어쩌면 이 시기에 만들어진 이미지 중 하나일지 모른다.

우아하고 고상하게 – 차관에 대한 이미지 하나

명대(明代)의 차관들은 전대에 비해 찻잎뿐만이 아니라 차에 따르는 물(茶水)과 함께 차를 마시는데 필요한 도구(茶器) 등의 유미적인 측면을 중시했다. 차를 마실 때에는 급하게 들이켜서는 안 되고 조금씩 음미해야 참맛을 느낄 수 있다고 생각하는 음다법의 구체적인 방식들도 만들어졌다. 이러한 경향은 차가 풍기는 우아하고 고상한 분위기를 더욱 확고하게 만들어주었다.

그러나 차 자체는 전대에 비해 훨씬 수수하고 소박했다. 찻잎에 끓인 물을 붓기만 하면 되는 간편한 방식을 권고한 명 태조 덕분에 명대에는 차 소비도 더욱 증가했다. 또한 차는 여전히 서민들

호심정(湖心亭). 예나 지금이나 늘 사람들로 가득 차 있는 구곡교 앞 호심정은 여전히 상하이 최고의 차관이다.

의 갈증을 해소시켜 주는 음료였다. 그래서 명대에 차관도 그 형태를 달리한다. 서민들의 차 문화를 가장 잘 보여주는 것은 명나라 말기 이후 거리에서 팔았던 사발차(大碗茶)이다. 사발차는 길가에 탁자 한두 개와 의자 몇 개만 놓아 둔 노점 찻집에서 저렴한 찻잎을 우려 투박한 사발에 담아낸 차이다. 고된 일을 하는 노동자나 먼 길을 떠나는 여행자들은 이 노점에서 큰 사발차를 단숨에 들이키며 잠시 휴식도 취하고 더위와 추위도 피했다. 오늘날 차를 마신다고 했을 때 쉽게 떠올리는 풍경, 바로 경치가 수려한 숲이나 죽림에 삼삼오오 모여 천천히 그리고 한가롭게 차를 음미하며 시를 읊고 풍류를 즐기는 모습은 차관에 더해진 이미지이다.

한적하고 고요하게 – 차관에 대한 이미지 둘

고즈넉하기까지 한 차관의 이미지 덕분에 차관에서는 왠

지 큰 소리를 내면 안 될 것 같다. 그러나 청대 소설 오경재(吳敬梓)의 『유림외사(儒林外史)』에는 마을 "거리에 차를 파는 곳만 30여 개나 있는데 매우 시끄럽다"라는 기록이 나온다. 청대 차관을 메우는 것은 시끌벅적한 삶이 만들어내는 와자지껄한 소리였다.

　　　　　청대는 중국의 역사상 차관의 발전이 가장 왕성한 시기였다. 그런데 황실과 귀족들 그리고 한족(漢族) 문인만이 아닌 청대 만주족(滿洲族) 팔기(八旗) 자제들과 일반 백성들의 차를 마시는 풍습이 차관 흥성의 주요 원인이었다는 점은 이전의 차관과 청대의 차관이 갖는 가장 다른 특징이다. 그래서 청대 차관에는 갖가지 종류와 등급이 생겨났다. 차를 놓고 문인 혹은 상인들 간의 이야기가 오고 가던 청차관(清茶館), 차와 음식을 겸한 이훈포(二葷鋪), 이야기를 들려주고(說書)와 곡예(曲藝)를 공연 하던 서차관(書茶館), 아인(雅人)들의 대화가 오고가고 아름다운 경치를 감상할 수 있던 야차관(野茶館), 삼교구류(三教九流)가 드나들던 대차관(大茶館) 등이 그것이다. 그래서 청대 차관에서 들리는 소리는 더욱 다채롭다.

여유롭고 느긋하게 – 차관에 대한 이미지 셋

　　　　자연 속 풍광이 차관의 실내로 들어 온 것도 이미 청대 도시 차관들에서 발견된다. 청대 도시의 차관들은 그 안에 정원과 화원을 배치해 놓음으로써 지금 우리가 차관에 대해 갖고 있는 자연친화적이고 단아한 이미지를 만들어내고 있기 때문이다. 하지만 청대의 다양한 차관들이 도시에만 있었던 것은 아니다. 도시 근교를 비롯한 농촌에서도 차를 마실 수 있는 찻집을 발견하기는 어렵지 않으며 강남(江南)과 강북(江北)의 연안 지역에서 성행한 차관은 전대에 비해 수적으로 더욱 늘어났다. 특히 도시 근교에 형성된 차관에서는 차만 팔지 않았다. 차관에서는 차관을 찾는 손님들에게 농촌에서 가져온 채소와 기타 식료품들을 함께 팔았으며, 강남의 차관에서는 책을 팔기도 했다. 차관에서 차만 마시고 소일거리를 하거나 여흥을 즐기기만 한 것이 아니라 기타 경제적 활동을 함께 했던 것이다. 이러한 차관에서의 모습은 여유롭고 느긋하기 보다는 활기차고 생동감 있게 다가온다.

03

현재적 차관

『차관(茶館)』으로 읽는 중국 근현대사

아편전쟁 이후 차관이라는 공간이 중국 사회에서 잠시 사라지기 직전까지 차관은 단순히 차만 마시는 장소가 아니었다. 차관은 국가의 장래를 논하고, 자신의 앞날을 걱정하며, 시대의 흐름을 알 수 있는 정보가 교환되던 역사의 공간이었다.

막이 열리면 보이는 찻집. 이런 커다란 찻집은 이제는 찾아볼 수 없다. 몇 십 년 전에는 각 도시에 최소한 한군데 정도는 있었다. 여기에서는 차를 팔기도 하고 간단한 간식이나 밥을 팔기도 한다. 애완용 새를 키우는 사람들은 매일 멧새나 꾀꼬리 등을 데리고 돌아다니다가 여기에 와서 쉬면서 차를 마시기도 하고 새들이 노래를 부르게도 한다. 사업을 하는 사람들이나 중매를 서려는 사람들도 여기로 온다. 당시에는 항상 싸움이 있곤 했지만, 나서서 양측을 화해시키는 사람들이 있었다. 무리를 지어 싸우다가도 화해시키는 사람이 나서서 이리저리 설득하면 모두 차를 마시거나 밀국수(찻집의 특산품으로 가격도 저렴하고 빨리 먹기에 안성맞춤이었다)를 먹으면서 싸울 일도 평화롭게 끝내곤 했다. 요컨대 이곳은 당시로서는 매우 중요한 곳이었고, 일이 있든 없든 앉아서 반나절을 보낼 수 있는 곳이었다.

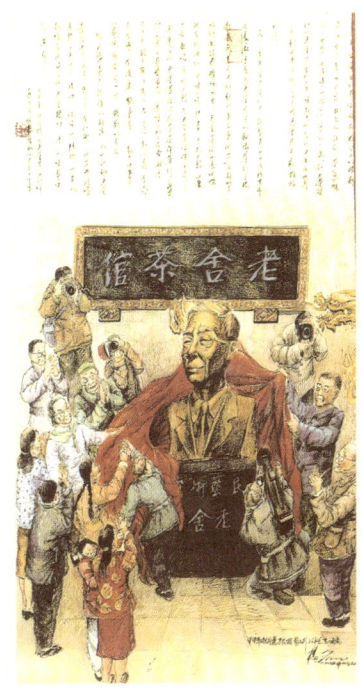

라오서의 『차관』

라오서(老舍)의 『차관(茶館)』은 1956년 완성되어 1958년 6월 출판된 작품이다. 1898년부터 1945년까지 반세기에 걸친 한 차관의 흥망성쇠를 다룬다. 『차관』은 라오서 희곡의 대표작일 뿐만 아니라 중국 현대 희곡의 대표작이기도 하다. 총 3막으로 구성되어 있는데, 각 막마다 시대가 다르다. 청나라 말기와 민국 초기 그리고 항일 전쟁 승리 이후, 이렇게 세 시기를 배경으로 하고 있다. 하지만 중요한 역사적인 사건이 작품 속에 직접 드러나 있지는 않다. 그저 차관을 둘러싼 인물들의 신변 변화에서 중국 사회의 변천사를 알 수 있을 뿐이다. 작품 속에 등장하는 인물은 당시 사회의 모든 계층을 아우르고 있다고 할 만하다. 『차관』은 벼슬아치, 자본가, 상인, 농민, 경찰, 예인, 관상가 등 찻집을 출입하는 온갖 부류 인간들의 운명과 그들 상호 간의 관계를 통해 50여 년에 걸친 사회의 모습과 각각의 인물들이 겪은 운명을 그려내고 있기 때문이다. 그래서 『차관』이 그려내고 있는 근대현사 속 차관은 인간사를 담는 시대의 거울이다.

2010년 텔레비전 연속극
『차관』 포스터

『차관』이 모태로 삼고 있는 위타이차관(裕泰茶館)은 중국 근현대사에서 베이징 지역 차관의 마지막을 장식한 차관이다. 차관 주인 왕리파(王利发)가 죽고 이를 슬퍼하며 눈물 흘리는 찻집 종업원에게 사양(傻楊)이 노래한다.

아가씨, 그러지 말아요. 어둠도 다하면 날이 밝아올 테니까.
아가씨, 근심치 말아요. 서산의 샘물은 동으로 흐르기 마련.
고통이 가고 행복이 와요. 이젠 누구도 노예가 되지 않으리.

위 노래 가사처럼 중국 근현대사의 어두운 터널을 빠져나온 차관은 중국에서의 전통(스러운 것)에 대한 관심과 함께 정말로 다시 사람들의 주목을 받기 시작했다.

상품으로 부활하는 제국의 영광

최근 중국에서 (엄밀히 말하자면 중국을 연구하는 중국을 비롯한 전 세계의 학자들에게) 많은 주목을 받는 차관은 쓰촨(四川) 지역의 차관이다. "천하 차관의 으뜸은 중국의 차관이요, 중국 차관의 으뜸은 쓰촨 차관이다"라는 말이 있다. 양복 입은 신사도, 독서 삼매경에 빠져 있는 여학생도, 아이를 데리고 나온 아주머니도 모두 한가로이 등나무에 앉아 차를 마시며 시간을 보내는 쓰촨의 차관에는 중국인들의 일상과 차가 너무나도 절묘하게 결합되어 있다. 혹시라도 쓰촨을 여행하던 관광객이라면 이러한 풍경을 보고 처음에는 호기심이 발동하겠지만 잠시 후 '아, 이런 곳이 바로 중국의 차관이구나'라는, 중

상) 쓰촨 차관, 천진(陳錦), 『차관(茶鋪)』

하) 광저우 짜오차

국에서 가장 중국적인 것을 발견했다는 일말의 경이감까지 느낄 수 있을지도 모른다.

　　세계인의 입맛을 사로잡은 광동지역의 중국 요리처럼 달콤한 향을 풍기는 이 지역의 짜오차(早茶, 아침 차)는 영국 사람들이 즐기는 에프터눈 티(Afternoon Tea, 일반적으로 오후 4시에서 5시 30분 사이에 마시는 차)에 견줄만하다. 청말(清末) 광저우(廣州)에는 모든 찻값이 2리라는 의미에서 기인한 이리관(二厘館)이 널리 퍼져 있었다. 새벽부터 일을 하러 가던 서민들은 이곳에 들러 차와 함께 팔던 떡과 만두 등으

화방(畫舫)

로 요기를 했다고 하니, 이것이 "츠짜오차(吃早茶, 아침 차 마시기)" 문화의 기원이다. 문인들을 위해 글과 그림으로 장식된 큰 규모의 차관 역시 성황을 이루었다고 한다. "광주의 차는 향기롭고 입에 맞아 한 잔만 있으면 친구와 반나절 동안 이야기를 나눌 수 있다"고 했던 루쉰(魯迅, 노신)의 말이 절로 떠오른다. 바쁜 도시 생활 속의 한가로움과 힘든 노동 속 즐거움을 맛보게 해주는 광동 지역민들의 유쾌한 소일거리인 아침 차는 최근 중국의 무형문화재에 등록되기도 했다. 딤섬(Dim sum)이라는 말로 더 유명한 뎬신(點心)이 있는 식당이라면 어디에서든지 그 차를 주문할 수 있다.

강남(江南)의 도시들은 아직 수향(水鄕)의 이미지를 간직하고 있다. 아마도 번화했던 이 지역의 온갖 문화가 뒤섞여 빚어내었던 우아함(雅文化)을 가장 잘 드러내주는 차관의 상징물은 골목골목 펼쳐지는 운하를 따라 가다보면 만날 수 있었을 화방(畫舫, 아름답게 장식한 놀잇배)일 것 같다. 강소(江蘇, 장쑤)지역의 차관에서는 그 옛날의 풍류를 어렴풋이나마 그려볼 수 있다.

쑤저우(蘇州)는 마르코 폴로에게서 지상의 천국이라는 칭호를 부여받았던 곳이다. 강남 최고의 정원이라는 졸정원(拙政園, 줘정위안)은 그 아름답기가 황홀할 지경이다. 원림(園林)의 한쪽에 마련된 차탁에 앉아 차를 마시고 있노라면 절로 풍자개(豊子愷, 펑쯔카이)의 만화 속에서 만났던 그런 복장을 한 누군가가 손에는 새장을 들고 머리에는 과피마오(瓜皮帽, 수박을 반으로 자른 것처럼 생긴 모자)를 쓴 채 나타날지

좌) 강남 수향의 차관
우) 「쑤저우런(蘇州人)」, 풍자개(豊子愷)

도 모른다는 상상 속에 빠진다.

    그 누구라도 깊은 인상을 받을 만한 시후(西湖) 주변 항저우(杭州)의 차관은 바쁜 관광객의 발길을 잡기에 충분하다. 차의 기본인 맛좋은 물의 수원(水源)이 멋진 풍광과 함께 어우러져 있는 항저우는 '차의 도시(茗都)'라고 칭송받아왔다. 그 명성에 걸맞게 지금 항저우에서는 차관이라는 공간이 현대 도시인들의 여가 활동과 어떻게 결합되어 가고 있는지 그 생생한 모습을 확인할 수 있다. 이제는 관광지로 자리 잡아 쉽게 둘러볼 수 있는 룽징(龍井) 차밭을 지나는

좌) 항저우 칭텅차관(靑藤茶館)
우) 항저우 호포천(虎跑泉)

상) 라오서 차관 입구
하) 라오서 차관 공연

길에 잠시 들러봄직한 근처 농가의 찻집에서는 중국인들에게 차를 마시는 곳이 얼마나 일상적인 장소였는지도 체험해볼 수 있다.

라오서차관(老舍茶館)에서는 경극(京劇), 전통 만담, 악기 연주, 그림자극 등 온갖 중국 기예의 진수를 함께 맛볼 수 있다. 차와 함께 공연 보는 것을 즐겼던 베이징 지역 차관의 특색이 현대적으로 부활한 곳이다. 청차관(淸茶館), 야차관(野茶館), 서차관(書茶館), 오랜 시간 앉아 차를 마시며 한담을 나누고 바둑이나 장기(요즘은 카드)도 둘 수 있던 기차관(棋茶館) 등, 각기 다른 오락적 기능을 담당하며 형형색색의 다채로운 빛깔을 발산하던 베이징 차관의 특성은 여전히 그 이름 아래 어우러져 있다.

자신만의 독특한 특색을 발산하고 있는 중국 각 지역의 차관들에 비하면 상하이의 차관은 어느 것 하나 딱히 내세울 만한 특징도 별 이야깃거리도 없어 보인다. 하지만 선뜻 자신만의 특징을 보여주지 못하는 상하이 차관은 그래서 더욱 흥미롭다. 대부분 누각의 형태로 지어져 상하이 차관을 부르는 또 다른 이름 '다루'처럼, 근대 상하이 차관은 한 층 한 층 그 누각의 높이가 높아질 때마다 그 안에 다양한 특징들을 쌓아갔기 때문이다. 당, 송원, 명청, 퓨전식 현대 차관들 속에 각 시대의 역사와 문화를 농축시켜 놓은 상하이 차관의 면면들을 통해 전통이 소비와 결합되어 발산해내는 욕망의 지형도를 가름해볼 수도 있다.

- 탕원다방(唐韻茶房)

- 쏭위안차예관(宋元茶藝館)

- 상하이라오제(上海老街) 차관들

- 신톈디(新天地) 차관

좌) 차관에 전시되어 있는 사진과 다구(茶具)

우) 라오상하이차관 벽면에 마련된 기념품 판매대

사진과 기록이 불러 온 기억 여행

　　　　　차관 관련 근대 자료의 대부분은 사진과 그림을 삽입한 엽서, 매체 속 도문(圖文), 여행기와 수필 안 기록 등이다. 특히 사진과 그림은 근대를 시각적으로 재현하고 있다는 점에서 가치가 크다. 이들은 엽서뿐만 아니라 다양한 매체들—사진엽서가 들어간 신문이나 잡지, 사진첩, 여행안내 책자 등—을 통해 그 이미지를 재생산하곤 했다. 여기에는 19세기말 유럽에서 시작된 관광문화가 일조를 했다. 여행자들은 여행지에서 찍은 사진과 기록을 책으로 출판하기도 했으며 동시에 현지에서 판매하는 각종 풍속 사진과 사진엽서를 소비하는 주요 소비층이기도 했다.

　　　　　그러나 사진과 기록을 중심으로 기억이 재구성되는 동안 기억의 특질은 변화되고 사건은 이제 더 이상 내면적인 경험에만 머무르지 않게 된다. 사진을 담은 엽서는 다시 과거를 기억하고 이해하는 단서로 작동하기 때문이다. 동시에 사회적 기억의 상호 작용을

좌) 차관의 창문을 통해 본 상하이라오제
우) 예원 쪽에서 바라본 상하이라오제 차관들

통해 재해석되고 또 새로운 전통을 창출해 나간다. 엽서나 화보 속 사진과 기록은 단순히 수단으로서가 아닌 공적 이미지로서 그 문화적 의미를 지니게 된다.

재현된 라오상하이(老上海) 차관

　　　　예원을 나와 그 옆으로 조성된 예원 상가(豫園商城) 길을 따라 걷다보면 고색창연한 서적과 골동품들이 전시된 낯선 거리를 만날 수 있다. 근대 상하이의 모습을 재현해 놓은 옛날 상하이 거리, 상하이라오제(上海老街)이다. 그 길가에 100여 년이 넘는 긴 역사를 지니고 있는 두 곳의 차관이 있으니 하나는 춘풍득의루(春風得意樓, 춘펑더이루), 다른 하나는 라오상하이차관(老上海茶館)이다.

　　　　춘풍득의루는 원래 성황묘 바로 옆에 있었으나 예원의 정비와 함께 현재의 위치로 옮겨왔다. 장식장 안에 들어차 있는 오래된 도자기와 찻잔 그리고 빛바랜 인물 사진 등이 말해주듯 춘풍득의루는 근대 상하이에 건립된 오래되고 지명도 높았던 차관 중 하나이

좌) 춘풍득의루 전경
우) 춘풍득의루 차관 내부

다. 2층의 차관으로 올라가는 1층 입구 한쪽에는 전통식 아궁이(老虎灶, 라오후짜오)가 비스듬히 놓여있고, 성황묘 지역 서민들이 오다가다 차를 마시며 앉았을 탁자와 긴 의자도 보인다.

  라오상하이차관에는 근대 중국에 처음 들어왔다는 냉장고와 당시 사용되던 재봉틀을 비롯해 각종 일상용품과 기념품들이 전시되어 있다. 입구 한쪽 벽면은 라오상하이의 모습을 담은 사진엽서와 기념품 등을 모아놓은 공간이다. 주말이면 설치되는 간이 무대에서는 전통 민간 곡예(曲藝)를 공연한다. 제법 많은 관광객들이 다녀간 흔적도 남아있다. 그래서 라오상하이차관에서는 관광객들이 참관만 할 수 있는 티켓을 판매한다. 관광명소로 만들어지고 있는 셈이다.

  근대 조계지의 차관 모습을 재현해 놓은 라오상하이차관은 당시 차관의 모습을 조금이나마 엿볼 수 있다는 점에서 흥미롭기는 하지만, 그것만이 근대 상하이 차관의 모습으로 고정될 수 있는 가능성을 생각하면 이 또한 아쉬움으로 남는다. 차관 한쪽에 마련되어 있는 엽서 속 빛바랜 사진들처럼 라오상하이차관에서 근대 중국의 차관들이 지니고 있던 일상성의 가능성을 발견하기란 쉽지 않다.

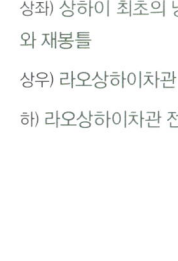

상좌) 상하이 최초의 냉장고와 재봉틀
상우) 라오상하이차관 입구
하) 라오상하이차관 전경

그곳에서 펼쳐졌을 삶의 이야기들을 어떻게 구성하고 배치할 것인가에 대한 고민의 흔적은 퇴색된 채 그냥 그렇게 재구성되어 있을 뿐이다. 특정한 대상만을 선택적으로 강조한 나머지 기타 부분은 배제하고 은폐할 수밖에 없는 엽서 속 사진들과 그 프레임의 작동 방식이 유사하다.

제3장

도시와 차관

모던 도시 상하이
마도(魔都), 유혹의 소나타(Sonata) | 치파오와 조계(租界), 소비의 주체
신 상하이 10경(景), 경관의 변화 | 와이탄(外灘) 산보객, 문명의 통로

근대 상하이 차관
플라타너스 그늘 아래 비파소리 | 화사하고 내밀한 사쿠라의 봄빛
때로는 본능으로 때로는 상술로 | 이주민을 사로잡은 서비스의 품격

이유 있는 변신
차관 위 연관(煙館) | 차관 안 극장(茶園)
차관 뒤 욕탕(浴湯) | 차관 옆 객잔(客棧)

01
모던 도시 상하이

마도(魔都), 유혹의 소나타(Sonata)

　　다반(大班, 외국 상사의 지배인)들의 도시 상하이는 동서양이 만나는 곳, 그야말로 동방의 콘스탄티노플이었다. 상하이의 십리양장(十里洋場)에서는 위풍당당하게 세워진 유럽식 공원의 음악당에서 들려오는 고상한 서양 음악의 선율에서부터 경마장을 휘감는 힘찬 말발굽 소리와 구경꾼의 함성 소리, 대로를 가로지르는 군악대의 행진

1850년 처음 세워진 경마장은 화원(花園)의 기능을 겸하고 있어 여가를 즐길 수 있는 공간으로 인식되었다.

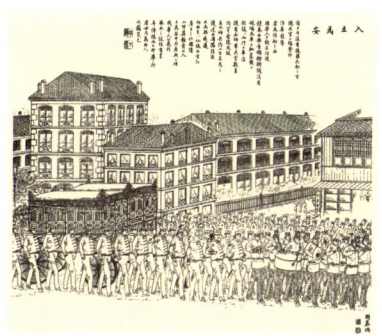

장례식 군악대. 「서양인의 장례(入土爲安)」, 『점석재화보』 1884.10.24.

좌) 19세기 후반의 신보관(申報館)

우) 신문 배달원, 『신보(申報)』

연주, 인력거와 마차의 부산한 소리까지 온갖 이국(異國)의 소리를 만날 수 있었다. 또한 해질 무렵이면 조계의 한쪽 거리에서 프랑스·일본·러시아·미국으로부터 건너 온 매춘부와 길거리 창녀(野鷄)들이 손님을 호객하는 유혹의 소리가 넘쳐흘렀다. 상하이에 "아시아의 매춘부"라는 오명이 생길 정도였다.

　　상하이는 수많은 상인들과 내외국 곳곳에서 온 사람들이 구름처럼 들어차 있는 곳이다. 선박이 왕래하는 이곳에서는 온갖 상품들이 돌고 있다. 쑤저우(蘇州)와 양저우(揚州) 각지의 기생들 역시 부호와 대가들이 많은 상하이를 동경하여 일시에 배를 빌어 타고 쓰마루(四馬路) 일대에 모여들어 농염한 기운을 한껏 드높이고 뛰어난 미색을 다투어 자랑하고 있다. 60년 전까지만 해도 질펀한 갯벌에 불과했던 이곳이 이제는 중국에서 첫 번째로 번화한 곳이 되어버렸다(오견인(吳趼人), 『이십년간 목격한 기이한 현상(二十年目睹之怪現象)』).

　　근대 상하이에 급속한 변화를 가져온 주요 동력은 증기선,

상하이수청(上海書城) 1층 한 코너에 마련된 라오상하이 관련 서적들

철도와 같은 대중 교통수단과 함께 발달한 매스미디어였다. 새로운 제지법과 인쇄기술은 그때까지 불가능 했던 저렴한 가격으로 그리고 대량으로 인쇄물이 발행되는 것을 가능하게 만들었다. 교통과 커뮤니케이션의 발전 속에서 근대 상하이 사람들의 일상의식에도 변화가 싹텄다. 신문에는 여가 생활을 즐길 다양한 정보가 제공되었고, 전문 레저 잡지도 만들어졌다. 검약과 노동의 미덕을 굳게 믿고 있었던 사람들이 공간을 욕망하고 소비하는 대중으로 변화되기 시작한 것이다.

아편과 차 그리고 기녀가 한 공간에서 소비되는 유흥문화의 혼돈된 양상을 "뒤죽박죽"하게 바라보는 시선은 상하이를 문명의 개화가 만들어낸 '마성(魔性)의 도시'로 규정한다. 상하이가 상하이일 수 있는 근거를 악마성에서 찾는 것이다. 이러한 상하이에 대한 규정은 상당 기간 지속되어 왔으며 그 기저에 깔린 이미지는 지금도 유효한 듯하다. 상하이의 가장 큰 서점 1층의 한 벽면을 가득 메우고 있는 라오상하이 관련 서적들 중 상당수가 이런 상하이 소비문화의 선정성 혹은 오락성에 주목한 것들이기 때문이다.

치파오와 조계(租界), 소비의 주체

모던 상하이를 대표하는 것 중 하나는 치파오(旗袍)를 입은 여성이다. 하지만 치파오는 청나라 때 만주족 남녀가 입던 의상 모두를 가리키는 말이다. 경제성과 섹시함을 동시에 갖춘 치파오가 근대 상하이 이미지와 결합되기 시작한 것은 1929년 이후이다. 전통 치파오는 신체를 풍성하게 감싸고 소매도 손가락 끝을 가릴 정도로 길었다. 이런 치파오가 높은 옷깃과 양쪽 옷자락의 트임이 특징인 치파오로 변신하게 된 데에는 국민당 통치하에 건설된 통일 중화민국이 깊게 관여되어 있다. 1919년 신해혁명(辛亥革命) 이후 점차 변화를 맞이하기 시작한 치파오는 1927년 4·12사건으로 주도권을 잡은 장개석(蔣介石, 장제스)이 1929년 '복제 조령(服制條令)'을 발포하여 치파오를 여자 공무원의 제복으로 정하기 시작하면서 현재의 모습으로 자리 잡게 되었기 때문이다. 산업화의 상징인 치파오가 상하이에 가져다 준 번영의 불빛은 상하이의 퇴폐성과 결부되며 1949년 10월 중국 대륙에 출현한 공산당 통일 정권과 함께 사그라지고 만다.

그리고 지금 역사 속에서 잠시나마 그 가치를 상실하고 말았던 상하이가 다시 '21세기 미래 도시'로의 부활을 시작했다. 그런데 어쩌면 그 부활의 단서는 청말 제국의 분열을 막기 위해 구획된 상하이의 조계지 그 내부에 이미 잠재되어 있었는지도 모른다. 조계는 그 자체로 하나의 역사적 충격이었다. 조계의 형성과 함께 상하이라는 도시에는 인구 밀집 현상이 일어났고 다양한 계층의 사람들이 생겨났다. 외국인 상인과 선교사를 비롯하여, 중국인 상인, 태평천국의 난을 피해 온 저장(浙江) 지역의 지주들과 부호들, 그리고 과거에 급제하지 못하고 출구를 잃은 불우한 문인 등이 그들이다. 또

1920년   1921년   1938년

한 새로운 통상 해안의 늘어나는 빈민 계층 대다수는 고향을 떠나 도시로 흘러들어온 농민들이었다. 농민들은 상업, 운수업, 서비스업 등의 직종에서 직업을 찾아 점원, 소상인, 인력거꾼, 하인이 되었다. 종종 청 조정을 위해 전쟁에 참가했다 해고된 사병들과 함께 도시의 부랑자(流民)로 남아 향후 상하이 향락 소비 산업의 주축이 되기도 했다. 금융업에 종사하는 사람들과 해외 무역 상인들은 서양 상인들과의 각종 상업적 접촉을 통해 서양 자본주의의 법률과 경제법칙에 익숙해져 갔고, 점차 그들은 청 정부에게서 받아보지 못했던 이익을 챙길 수 있었다. 이로 인해 상하이는 이해, 득실, 금전, 권세 등의 관념이 도시 전체를 가득 채우게 된다. 하지만 "처음에는 놀라고 곧이어 괴이하게 여기지만 그 다음에는 부러워하고 결국 따라하게" 되는 조계의 근대적 생활 방식과 사고방식은 근대 상하이의 새로운 시민 문화의 원동력이었다. 공공 위생, 남녀평등, 자유연애, 문명의식 등은 상하이 구성원들의 외래문화에 대한 이성적 태도도 가능하게 했다.

상하이 공공 조계 국기

상하이를 마성의 도시로 규정하든 아니면 시민사회로 파악하든 분명한 것은 조계와 더불어 형성된 개항지를 통해 중국이 엄청난 사회적 변화를 경험했다는 점이다. 이 변화가 단지 경제적 변화만을 의미하는 것은 아니었으니, 그 여파는 일상생활 곳곳에서 감지할 수 있다. 조계의 공간들은 전통적인 규범과 조계라는 근대적 시스템을 융화시키면서 그들만의 돌파구를 마련해야 했던 것이다. 또 하나 흥미로운 것은 상류층이든 하류층이든, 외국인이든 내국인이든 상하이 조계라는 중국 속 외국(國中之國)의 구성원들은 대부분 이주민들이었다는 점이다. 그들은 모두 낯선 환경과 불안정한 생활 속에서 어떤 식으로든 보호받고 싶어 했고, 이 도시 안에서 생활할 수 있기를 원했다.

그리고 중국인과 서양인들이 뒤섞인(華洋雜居) 상하이 조계지 내 소비 공간들은 소비의 주체들과 함께 자신만의 독특한 문화로 그 생명력을 획득해가고 있었다.

신 상하이 10경(景), 경관의 변화

"질펀한 갯벌"에 불과하던 상하이의 도시 경관에 뚜렷한 변화가 시작된 것은 대략 150여 년 전이다. 1848년 은행이 들어왔고, 1856년 서구식 거리가 조성되었으며, 1865년에는 가스등이, 1882년에는 전기가 가설되었다. 전화는 1881년에 개통되었으며, 상수도 시설은 1884년에 공급되었다. 1901년에는 거리에 자동차가 달리기 시작했고, 1908년에는 전차가 거리를 누볐다. 상하이가 근대의 주요 무역항의 역할을 담당하며 외국인들이 형성해놓은 조계지의 계획된 도시적 풍모는 드나드는 외지인들의 이목을 잡기에 충분했다.

덕분에 탄생한 '신 상하이 10경'은 상하이를 여행하는 관광객들이 꼭 들르는 새로운 명승지였다. 극장에서의 연극 관람, 신식 건물에서 맛보는 서양 음식, 구름 같은 누각에서 피우는 아편, 술집에서 즐기는 흥겨운 음주, 솔바람 풍겨오는 차관에서 마시는 차, 향기롭고 아리따운 기녀들과의 만남, 층층 누대에서 감상하는 흥미진진한 이야기, 거리를 질주하는 화려한 마차와 인력거, 밤거리도 환하게 밝혀주는 가스등이 설치된 대로, 야경을 즐길 수 있는 황포강변에서의 산책 등 조계의 새로운 볼거리로 등장한 풍경을 '신 상하이 10경'이라고 한다.

마차를 타고 기녀와 함께 조계를 유람 중

철도는 숙박비를 절약하기 위해 야간열차를 탄 여행객들을 대량으로 상하이에 실어 날랐다. 외지인들을 위한 상하이 여행안내서가 발행되어 상하이의 기초 지식을 제공하였고 오늘날의 일일유람코스와 같은 여행 상품도 생겨났다. 근대 조계지 상하이의 도시적 분위기가 빛을 발하는 것은 예나 지금이나 밤이다. 나르는 듯 질주하는(물론 그래서 사고도 많이 나곤 했지만) 마차를 타고 옆에는 기원에서 만난 기녀를 태운 채 가스등 불빛을 즐기다 보면 어느새 도달하는 곳이 와이탄이었을 터이고, 달빛 아래 황포 강변의 운치 있는 모습을 따라 잠시 걷다 보면 도달하는 곳이 수정궁 같은 차관이었으리라. 차를 마시며 공연을 볼 수도 있고 술을 마시며 아편을 피울 수도

상) 청말(淸末) 당구장(彈子房)
하) 화원 안 차관의 모습

있다. 게다가 서양인들의 음식을 맛보며 그들이 즐기던 당구도 해볼 수 있던 그곳은 한 마디로 멀티 레저 센터였다.

와이탄(外灘) 산보객, 문명의 통로

와이탄은 황푸강(黃浦江)과 접해 있어 상하이를 찾는 외지인들이 처음 발을 딛게 되는 곳이었다. 아편전쟁으로부터 대략 30년이 지난 1870년대 후반, 1.5km 가량 펼쳐진 와이탄의 가장 북쪽에는 영국 영사관이 그리고 가장 남단에는 프랑스 영사관이 자리하게 되었다. 영국 영사관 앞쪽의 강을 따라 만들어졌던 대로에 연결된 산책로를 따라가다 보면 만날 수 있는 공원이 바로 '중국인과 개는 들어갈 수 없다'는 표지판이 설치되었던 와이탄공원이다.

와이탄공원은 공가화원(公家花園, Public Garden), 외교공원(外僑公園), 외국공원(外國公園), 대교공원(大橋公園), 공화원(公華園), 황포탄공원(黃浦灘公園)이라고도 불린다. 요즘도 와이탄의 한쪽에서 여전히 수려한 경치를 자랑하고 있는 황푸(黃浦)공원이 바로 이 와이탄공원이다. 1868년 8월 8일 처음 개방되기 시작한 와이탄공원은 1928년 중국인들의 입장이 허가되기까지 외국인들만 그 출입이 가능했다. 탁 트인 넓은 잔디밭에 건축물이라고는 음악당이 전부인 이곳은 전형적인 유럽식 정원이었다. 아름답게 우거진 서양의 키 큰 나무들 사이를 거닐다가 혹은 분수대가 설치된 정갈한 연못가를 산책하다 보면 어느 순간 들려오던 서양 음악의 선율은, 낯선 이국땅에서 생활하는 서양인들에게는 더할 나위 없이 평안한 안식이자 충만한 생명력의 상징이었다. 하지만 조계 내 문명의 상징이었던 와이탄공원

상) 영국 조계의 황푸강변
하) 와이탄공원(公家花園, Public Garden)

이 외국인이라고 모두 들어갈 수 있었던 곳은 아니었다. 평화로운 서구식 공원의 풍경과 화해할 수 없었던 일본인들의 '기이한 복장'은 결국 일본 영사관에 대한 공부국(工部局)의 공식적인 출입금지 요청으로까지 이어지게 된다. 문명국의 언저리에서 서성이고 있던 일본인들 역시 공원을 산보하기 위해서는 누추하고 야만스러워 보이는 차림새를 버리고 서양이라는 보편적 복장을 걸쳐야 했다. 제대로 갖춘 일본 예복까지는 허락되었다. 문명의 상징인 공원으로의 산보를 위해 일본 영사관에서는 일본인들이 갖추어야 할 몇 가지 규정이 포함된 「중국 상하이 거주민 통제 규정(淸國上海日本居留民取締規則)」이라는 법규를 제정한다. 문명과의 소통을 위한 배제의 규정들이 법제화되기 시작한 것이다. 그리고 상하이 조계는 그 도시적 면모로 문명이라는 것을 가시화시키고 있었다.

　　　　상하이라는 도시가 맞이한 문명의 외형은 와이탄 안쪽의 바둑판 모양으로 구획된 대로에서 가장 먼저 나타났다. 상하이의 근대를 대표하며 무역과 금융을 중심으로 한 각종 자본주의 생산 활동의 거점이 된 와이탄과 수직인 방향에 동서를 따라 펼쳐진 네 개의 평행한 도로와 함께 상하이 조계지의 위용이 드러났기 때문이다. '항구를 향하는 도로(出浦大路)'라는 이름에 걸맞게 와이탄을 향해 있는 이 상징적인 대로에는 당시 중국의 통상항구 도시의 이름이 붙여졌다. 남북으로 난 길에는 중국 각 성의 이름을 붙였는데, 각각 순서대로 얼마루(二馬路, 지금의 주장루(九江路)), 산마루(三馬路, 지금의 한커우루(漢口路)), 쓰마루(四馬路, 지금의 푸저우루(福州路)라고도 불렀다. 그리고 와이탄과 경마장 사이의 대로가 난징조약(南京條約)을 기념하여 이름이 붙여진 난징루(南京路)이다. 상품 소비의 중심 공간이었던 난징루

상) 와이탄(外灘)
중) 난징루(南京路)
하) 쓰마루(四馬路)

에는 약방, 서양과 무역을 하던 상점, 면사와 원단 판매처, 수입 물품 잡화점 등이 들어섰다. 쓰마루는 유흥의 중심지였다. 쓰마루에는 곳곳에 기원(妓院)과 차관 그리고 아편을 피울 수 있는 연관(烟館)이 들어찼다. 이들 세 공간은 표면적으로 내세우는 이름과 그 공간에서 주된 것이 무엇이냐의 차이였을 뿐 사실상 모든 유흥의 가능성이 열려있는 공간이었다.

02

근대 상하이 차관

　　근대 상하이 차관은 그 규모에 따라 소차관(小茶館)과 대차관(大茶館)으로 구분할 수 있다. 소차관은 지나가는 여행객들, 거리의 불량배들, 가난한 노동자들이 해갈을 위해 잠시 머무르며 차를 마시던 곳이다. 원래 작은 점포의 형태로 끓인 물을 팔던 곳이었다. 물을 끓이던 솥의 배치가 멀리서 보면 호랑이와 같다 하여 "호랑이 아궁이(老虎灶)"라고도 불렀다.

　　대차관은 시간이 흐를수록 점차 그 규모가 확대되며 청대에 성행했던 다양한 차관들의 기능을 한군데 모아놓게 된다. 불완전한 통계이기는 하지만 1862년부터 1911년까지 상하이의 차관은 60여 개에 이르렀고, 1919년 무렵에는 이미 160여 곳으로 늘어나 있었다. 난징루에서 쓰마루, 광둥루(廣東路)에서 성황묘(城隍廟, 청황먀오)까지 사람들의 발길이 스쳐가는 곳이라면 어디에서든 차관을 발견할 수 있었다. 남시(南市, 난스) 예원의 춘풍득의루(春風得意樓, 춘펑더이루)와 호심정은 지금까지도 상하이 대표 차관이다. 난징둥루(南京東路)

남시 소동문(小東門)

의 이둥톈(一洞天)은 가장 오랜 역사를 자랑하는 큰 규모의 차관이며, 기원(靑樓)들로 둘러싸인 곳에 위치한 여수대(麗水臺, 리수이타이)는 변화될 차관의 성격을 예견할 수 있게 해주는 곳이다. 쓰마루에서는 화중회(華衆會, 화중후이)와 랑원제일루(閬苑第一樓, 랑위안디이루)가 그 명성을 떨치고 있었다.

상하이 차관은 그 형태 및 분위기 또한 광둥식, 쑤저우식, 상하이식 등 갖가지였다. 각 지역의 특색을 갖춘 차관이 상하이 조계지에 모일 수 있었던 주요 요인은 교통의 발달로 인한 지리적 확장이 가져온 경험 공간의 확장일 것이다. 이와 함께 무엇보다 중요한 것은 실제로 각 도시의 많은 유민(流民)들이 자본주의 상업 문화를 꽃 피우고 있는 상하이라는 조계지로 모여들기 시작했다는 사실이다.

플라타너스 그늘 아래 비파소리

고풍스럽고 유미한, 거기에 자연과 가까이 있기만 하다면 더욱 금상첨화였던 차관의 분위기에 변화의 바람이 불기 시작한 것은 광서 초년(1875년) 무렵이다. 흐르는 물 가까이에 세워진 높은 누대의 창문에 기대어 주위 경치를 바라보며 차를 마실 수 있던 여수대는 절묘한 운치를 지닌 차관이었다. 규모도 컸지만 여수대가 인기 있던 더욱 중요한 이유는 이 차관이 자리하고 있던 위치에 있다. 여수대는 상하이의 개항 직후 가장 번화한 거리였던 광둥루(廣東路) 아래 영국과 프랑스 조계의 경계지였던 양징방(洋逕浜) 양징교(洋逕橋)에 세워졌다. 삼층 누각 사면에서 주위 풍경을 조망할 수 있던 여수대 한쪽에는 이국의 풍취를 한껏 느끼게 해주는 서구식 건물이, 또 다른 한쪽에는 여인의 향기를 즐길 수 있는 유곽들이 모여 있었다.

근대 초기 영국과 프랑스 조계의 경계였던 양징방(洋逕浜).

가지런히 하늘을 날고 있는 기러기처럼 황푸강에 놓여 있던 양징교는 이미 강가에 늘어선 수천 그루의 플라타너스와 어우러져 상하이의 신 명승지로 부상한 터였다. 특히 선선한 바람이 부는 달 밝은 밤 곳곳에서 들려오는 젊은 남성들의 통소와 생황(笙簧) 그리고 비파(琵琶)소리는 양징방을 찾은 이들의 시간을 낭만이라는 이름으로 치장하기에 충분했다. 프랑스의 오동나무(法國梧桐, 플라타너스) 그늘이 만들어 낸 웃음소리는 차관 밖 풍경으로 자리하기 시작한다.

그러나 "언제부터인가 세상이 뒤바뀌고" 사람들, 특히 상하이를 찾은 여행객들은 쓰마루에 생겨난 랑원제일루와 같은 차관에서 남녀가 한데 어우러져 즐기는 것을 더욱 좋아하게 되었다. 여수대가 이름을 진곡춘(眞谷春, 전구춘)으로 바꾼 그 즈음, 상하이 조계지의 차관은 쓰마루로 그 중심축을 이동하게 된다. 보수 혹은 증축에 따라 이루어진 개명(改名)으로 인해 겹쳐지는 부분도 있겠지만, 근대 상하이 차관의 이름을 다 헤아리기란 쉽지 않다. 그러나 분명한 것은 당시 상하이 차관들이 최소한 그 이름에서만큼은 여전히 유미하고 고상한 풍격을 유지하고 싶어 했었다는 점이다. 차관에 앉아 기녀들의 웃음소리를 귀로만 듣고 눈으로 보기만 하던 여수대에서 유곽의 기능을 차관 안에 결합한 청련각이 생기기 이전 일본인들이 개설한 동양차관은 이미 성업 중이었다.

화사하고 내밀한 사쿠라의 봄빛

상하이에는 외국인들이 차관을 개설하는 경우도 종종 있었다. 특히 많은 일본식 차관(日本茶社)은 속칭 동양차관(東洋茶館, 둥양차관), 동양다사(東洋茶社, 둥양차서), 동양다루(東洋茶樓, 둥양차러우)라고 불렸다. 일본인이 세운 최초의 차관은 회향정(會香亭, 후이샹팅)이다. 광서 초년(1875년) 훙커우(虹口)와 쓰마루 일대의 삼성루(三盛樓, 산성러우), 개동루(開東樓, 카이둥러우), 옥천품향사(玉川品香社, 위촨핀샹서), 등운각(登雲閣, 덩윈거)이 이미 성업 중이었으니 그 이전부터 영업이 시작되었던 것으로 보인다. 그러나 일본인의 차관은 이름은 차관이었으나 실제로는 내부의 많은 기녀들이 유흥을 제공하는 기원이나 마찬가지였다. 외부의 문명은 새로운 사상과 관념만이 아닌 춘색(春色)까지도 함께 상하이에 실어다 주었다.

일본식 차관이 상하이에 본격적으로 그 유명세를 떨치기 시작한 것은 1882년 나가사키(長崎)의 한 건달이 수십 명의 일본 기녀들을 데리고 개설한 일본여랑옥(日本女朗屋)이다. 당시 상하이에는 총 16개의 일본식 차관이 있었는데, 그 중 2곳은 중국인이, 14곳은 일본인이 경영했다고 한다. 일본인이 경영한 차관에는 69명의 기녀가 손님(嫖客)을 맞이했다. 일본식 차관은 경영 규모가 상당하여 상하이를 찾은 내국인들만이 아닌 각국에서 온 여행객을 끌어들였다.

좌) 동양차관 입구 일본 기녀
우) 동양차관의 내부

호상한(胡祥翰)의 『상해소지(上海小志)』에 보이는 열여섯 아가씨(二八妖姬)라는 기록으로 보건대 기녀들의 나이는 스물이 채 안된 그야말로 꽃다운 여인들이었던 것 같다. 봉긋하고 높다랗게 위로 높이 틀어 올린 일본 여성 특유의 머리(髻,ケイ)에 눈처럼 하얗게 화장을 한 얼굴로 기모노를 입고 손님을 맞이하는 여인들은 그 모습만으로도 독특하고 신비스러웠다. 어쩌면 일본식 차관의 입구에 서서 낯선 이국어로 호객 행위를 하던 이 여인들은 상하이 모더니티의 또 다른 상징일지도 모른다.

  동양차관의 내부 객실 구조는 독특한 특징을 지니고 있다. 하나의 객실을 세 겹의 칸막이를 사용하여 몇 개의 방으로 나눌 수 있게 만들고 몇 명의 기녀들이 각자의 개별 공간에서 유객(遊客)을 맞이했다. 근대 이전 일본 건축의 실내 구조가 지닌 가장 뚜렷한 특징은 공간 구분이 없는 개방된 구조이다. 이후 공간 기능에 따른 분할

일본 예기

의 개념이 더해지면서 사용되기 시작한 것이 아직도 전통 가옥에서 볼 수 있는 종이로 만들어진 가리개, 즉 쇼지 혹은 후스마라고 불리는 미닫이문이다. 상하이 차관에 설치된 가리개는 소리를 차단하지는 못하지만 시각적으로는 어느 정도 독립된 사적 공간을 보장하여 공간 활용도를 높여주는 효과적인 장치였다. 동양차관에 설치되어 있던 가리개는 차관 안 객실 속에 또 다른 내밀한 공간을 탄생시켰다. 거기에 이국적인 실내 인테리어 효과까지 더할 수 있었으니 일석삼조였던 셈이다.

그런데 동양차관 안에 들어가는 가격은 그곳에서 누릴 수 있는 향락에 비해 결코 비싸지 않았다. 적은 돈(일인당 찻값으로 은(銀) 1각(角)이나 2각)으로 이국적인 분위기가 어우러진 따스한 분위기에 취해 화기애애한 봄의 부활을 즐길 수 있었으니 젊은 남성들의 발길이 끊이지 않았다. 물론 동양차관을 저렴하게만 이용할 수 있었던 것은 아니다. 그 안에서 제공되는 향락의 정도에 따라 소비되는 금액은 천차만별이었다. 규모가 컸던 육삼정(六三亭), 월내가(月乃家)와 같은 곳에서는 일본 요리도 즐길 수 있었는데 그 가격이 만만치 않다(요리하나가 대략 6~10원(元)). 제공된 명단에서 선택이 가능했던 예기(藝妓)를 부르는 경우 요금은 기녀들과 보낸 시간에 따라 계산이 되어 순식간에 불어났다. 사자춤과 샤미센(三味線) 연주와 같은 일본 전통 공연을 감상하며 술까지 곁들인 한 번의 저녁 식사비용은 상당한 금액(2,30금(金) 이상)이었다.

동양차관은 점차 영국과 프랑스 조계지로까지 확산되었다. 1900년대 초 일본으로의 유학이 붐을 이루던 당시, 부모들의 근심

거리 중 하나가 상하이에서 성업을 하던 일본 기녀들에 대한 이미지로 각인된 일본의 음란한 풍속이었다고 하니, 당시 풍미했던 동양차관의 색정적 성격을 상상할 수 있겠다. 그러나 당시 강력한 근대 국가로 부상하고 있던 일본의 명예를 실추시킬 것이라 염려한 일본 영사의 금지령으로 동양차관은 매춘업을 중지하게 된다. 이 지점에서 흥미로운 것은 왜 일본인들이 이러한 장소를 다사(茶社)라고 이름 지었는가 이다. 우선 당시 일본인들이 심혈을 기울였던 차 산업의 거점 시장으로서 중국 상하이의 조계지가 선택되었을 가능성을 배제할 수 없다. 또한 이와 더불어 분명한 것은 일본인들이 다사라는 이름으로 행했던 그 내부 공간의 향락화와 그 성업이 청말 상하이 기타 차관업의 면모를 변화시키는데 중요한 작용을 했다는 점이다.

때로는 본능으로 때로는 상술로

1870년대 후반 상하이 차관들은 그 규모 면에서 그리고 그 성격 면에서 확장을 경험하게 된다. 좋은 위치에 있던 난징둥루(南京東路)의 역안거(易安居, 이안쥐)와 도도거(陶陶居, 타오타오쥐)는 차례로 거상들에게 매입되어 선시공사(先市公司)와 영안공사(永安公司)로 증축되는데, 양측이 대치하여 극심한 상업 경쟁을 벌이기도 한다. 어느 정도의 즉흥성과 일상의 가치를 담아내고 있던 차관이 서비스와 이윤을 교환하고 소비하는 장소로 바뀐 것도 이 무렵이다.

하지만 19세기 후반 상하이에서 가장 유명했던 차관을 선택하라면 아마도 쓰마루의 청련각(靑蓮閣, 칭롄거)이 꼽힐 것이다. 청련각의 원래 이름은 화중회(華衆會, 화중후이)였다. 1884년 창간된 『점석

좌) 1918년 영안공사(永安公司)와 선시공사(先市公司)
우) 청련각

『재화보』의 「화중회철명품염(華衆會啜茗品艷)」이라는 제목으로 그 이름이 사람들에게 알려졌다. 이후 쓰마루(지금의 푸저우루 외국어 전문 서점(外文書店) 자리)로 위치를 옮기면서 청련각으로 이름이 바뀌게 된다. 차를 파는 공간 위층에는 아편을 필 수 있는 연관(煙館, 아편굴)이 마련되어 있었고, 아래층에는 공연 무대가 설치되어 갖가지 곡예가 펼쳐졌다. 매일 오후 3시 무리를 지어 다니면서 요염한 자태로 손님을 끌어들이던 무수한 창기(娼妓)들은 저녁이면 다시 이곳에 모여 공연을 보거나 아편을 피우러 오는 손님들을 유혹했다. 영화라는 것이 무엇인지도 모를 당시 무성영화를 상영하기도 했던 청련각의 흥성은 시대의 요구를 가장 먼저 알아챈 차관 변신의 당연한 결과였는지도 모른다.

　　기능도 하나였고 규모도 작았던 차관은 조계라는 공간 속에서 끊임없이 각양각색의 장치들을 첨가하며 이전과는 다른 거대한 '마성(魔性)'을 지닌 장소로 만들어졌다. 이는 상하이 차관의 독특한 특징으로 자리 잡게 되고, 이후 상하이 조계의 곳곳에서 청련각과 유사한 차관을 볼 수 있게 된다. 그리고 이제 사람들은 차를 마시는 공간을 소비하기 시작한다. 근대 상하이에서는 차보다 차관 그 자체가 더 매력적이기까지 하다.

이주민을 사로잡은 서비스의 품격

차를 매개로 한 공간의 소비는 차관이라는 공간이 지닌 융통성을 극대화시키는 계기 중 하나로 작용한다. 근대 상하이 차관은 유흥과 향락으로 점철된 마성만이 아닌 새로운 일상성을 만들어내기 시작했기 때문이다.

특히 상하이의 광둥식 차관에서는 혼자서 차를 마시며 조용히 쉬었다 갈 수도, 같은 직종의 사람들을 만나 교역을 성사시킬 수도, 다양한 오락거리를 즐길 수도 있었다. 증가하는 이주민들에게 차관은 집과 일터가 아닌, 정기적으로 발길이 머무는 또다른 공간으로서 자리하게 된다. 제대로 된 주거 형태를 갖추고 가정을 꾸릴 경제적 여건이 마련되지 않은 상태에서 차관은 동향인들과 자연스럽게 만날 수 있는 소통의 장이었다. 그래서 차관은 이주민들에게 집이나 일터 다음으로 편안한 장소였다. 차와 함께 마음을 편안하게 안정시켜주거나 혹은 즐겁게 해주는 공간, 혹은 동향인 간의 정을 섞어 파는 공간이었던 것이다. 가족적인 친밀성과 일터의 규범성 사이에 존재하는 차관은 비공식적인 대화와 자연스러운 교류로 그들만의 공간에 활력을 불어 넣었다. 청말 사람들은 차관에서 동료의식과 사회적 연결망을 만들기 시작한다.

그런데 동향인만이 아닌 상하이 도시민의 보편적인 사랑을 받은 차관이 있으니 바로 광둥식 차관이다. 대부분의 광둥식 차관

광둥 차관

은 훙커우(虹口)에 개설되었는데, 1876년 봄 기반가(棋盤街) 북쪽(지금의 광둥루와 허난루 입구)에 새로 문을 연 동방거(同芳居)는 분명 다른 곳과 차별화된 분위기를 만들어내고 있었다. 동방거의 이름을 널리 알린 이는 중국 근대의 유명한 시인이자 번역가 그리고 소설가였던 소만수(蘇曼殊, 쑤만수)이다. 일본 고베에서 차 상점을 하던 아버지와 일본인 어머니 사이에서 태어난 소만수는 아버지의 고향 광둥에서 어린 시절을 보낸다. 일본에서 대학을 마치고 귀국하여 소주에서 교사 생활을 하다 상하이와 홍콩을 거쳐 혜주(후이저우, 惠州)에서 정식 승려가 된 소만수는 스리랑카와 태국, 인도, 싱가폴 등을 다녀오기도 한다. 풍류가(風流家) 소만수가 코스모폴리탄 상하이에서 찾은 광둥식 차관은 그에게 남다른 의미를 지닌 공간이었을 것이다.

고객에게 제공되는 휴식과 즐거움

멋진 차관은 광둥인 셈

해갈을 하려고 왔건만

간단한 요기로 허기까지 채우네.

(작자 미상, 「황푸강 죽지사(黃浦竹枝詞)」)

　　차관은 내부가 넓은 편은 아니었지만 금벽(金碧) 장식의 다기(茶器)를 비롯하여 온갖 종류의 정갈한 식기가 잘 갖추진 쾌적한 공간이었다. 다식(茶食)과 함께 제공되는 죽, 국수는 차객(茶客, 차관의 손님)들의 요기가 되었고, 갖가지 빛깔의 간식거리들과 함께 판매되는 설탕에 절인 수입 과일은 모던의 분위기를 더해 주었다. 오늘날 중국의 식당에서 식사를 하고 난 뒤 손님이 계산대로 가서 계산을 하는 것이 아니라 식사를 한 그 자리에서 계산을 해주는 방식 역시 광둥식 차관에서 비롯된 것이다. 서빙카로 식탁까지 배달된 다양한 먹거리(點心)들을 눈앞에서 직접 마음대로 선택하여 먹고 나중에 계산을 하는 방식은 당시 다른 차관에서는 찾아볼 수 없는 광경이었다. 주문한 후 계산대로 가서 먼저 계산을 하고 와야 할 필요도 없었고, 표를 사고 다시 가서 돈을 지불해야하는 번거로움도 덜 수 있었다. 손님이 자리를 뜰 때에도 그저 종업원을 부르기만 하면 재빨리 탁자로 다가와 소비한 음식 값을 바로 알려주어 그 자리에서 계산만 하면 되었으니 서비스의 품격까지 누릴 수 있었다. 손님들을 더더욱 감동시킨 서비스는 깔끔한 옷차림의 아가씨들이 유리로 된 과일 차를 밀고 다니면서 시시각각 신선한 과일을 제공하고 게다가 친절하게도 껍질까지 벗겨주는 것이었다. 한 차원 높아진 서비스는 많은 손님들을 만족시켰다. 광둥식 차관의 흥성 원인은 오늘날 광둥 음식점에

광둥 음식 전문점 신야는 여전히 난징둥루에 위치해 있다.

까지 이어지고 있는 쾌적한 공간, 친절하고 세심한 서비스, 계산상의 편리함 이 세 가지 특징인 것이다. 동방거가 개설된 이후 광둥식 차관은 점차 난징루까지 확대되어, 난징루에서 시짱루(西藏路)까지만 다둥(大東), 다산위안(大三元), 둥야(東亞), 신야(新雅) 등 10여 곳에 달하게 되었다.

조계지에서 만날 수 있는 중국 각 지역의 이주민들 그리고 세계 각 국으로부터 들어 온 다양한 소비문화는 차관의 규모와 성격 및 역할을 확대시키고 있었다. 근대 상하이 차관으로부터 중국 전통의 차와 차관이 외래의 문화와 자본을 만나 어떻게 자신들의 것으로 다시 흡수하고 새롭게 정의하고 있었는지 그 과정을 엿볼 수 있다.

03
이유 있는 변신

최초의 차관은 도시의 번영으로 인한 상업의 왕래와 더불어 형성되었다. 위진남북조는 차관의 맹아기 그리고 당대는 차관의 형성기라고 할 수 있다. 송대 이후에는 차관이 숙식(宿食) 제공의 역할, 사대부나 고급 관리들의 사교 공간으로서의 역할, 장사꾼들의 상거래 장소 역할, 기원으로서의 역할 등을 더하면서 문화의 한 분야로 자리 잡아갔다. 명청대 독립 공간으로서의 위치를 확보하던 차관은 청말(淸末) 이후 차객들의 편의를 위해 다시 다양한 기능을 결합한다. 상하이 근대 차관은 역사 속에 농축된 차관 영업의 노하우를 십분 결합한 멀티 소비 공간이었다.

차관 위 연관(煙館)

1858년 중국의 아편 수입이 본격적으로 시작되면서 가장 많은 아편을 받아들인 지역은 바로 상하이였다. 1860년대 이미

아편 피우는 남녀. 상하이 역사박물관(歷史博物館).

1,700여 개의 연관이 개설되어 심각한 사회 문제로 대두되고 있던 아편 중 70% 이상이 상하이를 지나갔고 이 가운데 적어도 20% 이상이 이곳에서 소비되고 있었다. 아편 흡연실을 갖춘 '가게'와 '집'이 관(館) 혹은 '소굴'로 바뀌면서 연관(烟館) 혹은 아편굴은 공공장소로 탈바꿈한다. 강변의 산책로와 공원에 아편을 피울 장소가 마련되며 아편을 피우는 것은 일종의 취미생활이 되어갔다. 아편이 가져온 폐해로 아편흡연에 대한 제재가 가해진 것이 가장 큰 원인이었겠지만, 온갖 오락거리의 결합 장소였던 차관에 흡연 공간이 들어온 것은 필연적인 결과였는지도 모른다. 규모가 큰 차관에는 2층 혹은 3층에 연관이 들어섰다.

긴 시간 차관에 머무르는 차객들을 위해 몇몇 차관에서는 등받이가 있는 긴 의자도 구비해놓기 시작했다. 차객들은 침대식 안락의자에 기대어 차를 마시거나 누워 잠시 쉴 수도 있었다. 차지하는 면적이 컸고 가구를 설치해야 하는 까닭에 찻값은 자연히 비싼 편이었다. 상하이 사람들은 이를 일러 '타차(榻茶)'라고 했다. 나이가 많고 몸이 약한 차객들에게는 더할 나위 없이 반가운 변신이었다. 그렇지만 당시 아편은 이미 성(性) 유희의 중심으로 떠올라 있던 상황이었다. 남녀가 많이 모여 들던 청련각에서는 또 다른 진풍경이 연출된다. 또한 타차를 이용하는 고객에게 아편을 서비스하던 랑원제일루의 경우처럼 타차는 차관의 차객을 점차 아편을 피우는 손님들로 대체하고 만다. 타차의 의도는 변질되고 침대는 아편쟁이들로 가득 차 진정한 차객들이 감히 타차를 마시러 가지 못할 지경에 이른다.

차관 안 극장(茶園)

전문 공연장소가 마련된 것은 근대 이후이다. 그 이전 극단(戲班) 대부분은 마을의 공터나 회관 혹은 사당 안에 마련된 무대(廟臺)에서 혹은 관객들의 좌석 앞에 임시로 마련된 가설무대에서 공연을 했다. 송대 공연시장의 주도권을 이어 받은 민간에서는 경제적으로 여유가 있는 개인들이 예인들을 초청해 자신들 집의 청(廳)이나 당(堂)에서 공연을 즐기기도 했다. 모금활동을 위한 자선공연이 존재하기는 했으나 연극을 보는 사람들에게 별도의 입장료가 요구되지 않은 개방된 연극이었다. 따라서 극단에서는 연극 무대를 마련한 주체 측, 즉 개인이나 사원 혹은 회관의 의도에 따라 공연의 내용과 형식을 기획하면 되었다. 그래서 공연을 보는 사람들은 관객이라고 하기보다는 구경꾼에 가깝다.

하지만 황제의 죽음과 함께 국가가 상중(喪中)이라는 이유로 극단의 공연이 금지된다. 생계를 위해 연극단원들은 새로운 길을 모색해야만 했다. 그 중 하나가 차관으로 공연을 가지고 들어

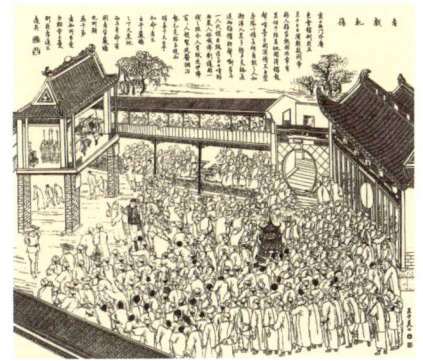

상) 베이징의 광동회관(廣東會館)의 연극 공연. 「연극을 보다 깔려 죽다(看戲軋傷)」, 『점석재화보』 1891.6.27.

중) 개인 집에 설치된 간이 무대. 「분에 넘친 잔치(海屋添籌)」, 『점석재화보』 1884.5.29.

하) 공연을 보러 모여든 사람들. 그런데 사람들의 시선은 사진을 찍는 사람에게로 흩어져 있다.

상좌) 다식을 파는 사람
상우) 근대 상하이 단계다원.
하) 단계다원 2층에는 차박사와 다식을 파는 사람들이 다닐 수 있는 통로가 마련되어 있었다.

가는 것이었다. 좀 더 정확하게 말하면 다원(茶園, 차위안)이라는 이름을 내걸고 뜨거운 물수건과 함께 차를 제공하는 극장을 개설하는 것이었다. 극단의 공연비용은 차관이 냈으며, 손님들은 따로 표를 사지 않고 찻값만 지불하면 되었다. 지금으로 말하자면 극장식 레스토랑인 셈이다. 다원의 좌석 배치에도 변화가 생겨났다. 사각형으로 세워진 무대를 중심으로 세 방향에서 모두 공연을 관람할 수 있게 테이블을 배치하기 시작한 것이다. 연극 공연을 관람하면서 마실 수 있는 차를 제공하기 위해 무대 정면으로 네모 탁자와 기댈 수 있는 작은 의자가 놓이게 된다.

상하이 최초의 대형 극장식 차관은 1867년 단계헌(丹桂軒, 단구이쉬안)이라는 이름으로 개설되었다가 이름을 바꾼 단계다원(丹桂茶園, 단구이차위안)이다. 단계다원은 일시에 상하이 유명 명소로 자리 잡는다. 이후 만선(滿仙, 만셴), 천선(天仙, 톈셴) 등 상하이에는 극장식 차관이 성행을 이루고 매란방(梅蘭芳, 메이란팡)을 비롯한 경극계의 이름난 배우는 모두 상하이 다원을 거

베이징 희원(戱院)의 원형 무대.

쳐 갔다. 하지만 매란방은 다원(茶園)에서의 공연이 그저 부차적 성격에 지나지 않았다고 회고한다. 상업성과 긴밀히 결합된 차관에서의 공연은 그 목적이 공연에 있던 것이 아니었다. 때문에 극중 하이라이트 혹은 관객들이 좋아할만한 것들을 잘라내어 공연을 할 수밖에 없었다. 살아남기 위해 선택한 생존 방식이기는 했으나 그로 인해 극의 형태와 내용에 변화가 올 수밖에 없었던 것이다. 1872년 2월 상하이의 한 관리가 가족들을 데리고 금계헌다원(金桂軒茶園)에서 연극을 관람한 사건을 두고 일기 시작한 부녀자의 다원 출입 관련 논쟁은 이러한 시대 문화적 흐름을 반영하고 있다.

20세기 초에 들어서면서 등장한 새로운 극장의 객석은 원형으로 만들어졌다. 네 면에 기둥을 세우지 않은 대신 앞쪽 무대의 높이가 올라갔다. 그래서 관객과의 거리는 점차 멀어진다. 또 물수건과 차가 제공되지 않으면서 민국(民國)이후 공연장은 더 이상 다원이

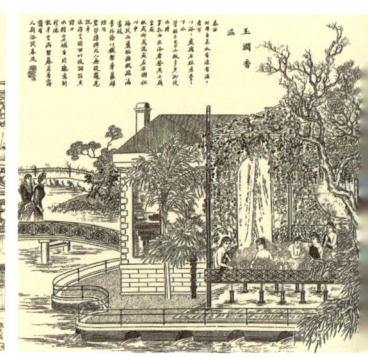

좌) 새로 개업한 목욕탕은 설비가 고급스럽고 청결하여 많은 사람들이 찾았다. 「욕실에서 옷을 훔쳐 달아나다(無衣無褐)」, 『점석재화보』 1887.1.18.

중) 남장을 한 기녀가 목욕탕에 들어와 손님과 이야기를 하다 결국 들통이 나고 만다. 「몸의 때(치욕)를 씻고 싶어하다(骸垢想浴)」, 『점석재화보』 1885.3.21.

우) 찬물과 함께 따뜻한 물이 나오는 서양인들의 대중목욕탕을 소개한다. 「옥처럼 매끄럽고 향기로우며 따뜻하다(玉潤香溫)」, 『점석재화보』 1889.7.2.

라 불리지 않는다. 연극 공연의 관객 또한 찻값이 아닌 공연을 위한 비용을 지불하며 진정한 의미의 관객이 되어간다.

차관 뒤 욕탕(浴湯)

중국에서 차관과 욕탕이 결합한 것은 남송(南宋) 항저우의 차관 관련 기록에서 발견된다. 차관은 목욕탕에서 꼭 필요한 뜨거운 물이 공급될 수 있는 시설을 갖추고 있었으니 자연스레 그 옆에 목욕을 할 수 있는 공간이 생겨난 것이다. 앞쪽은 찻집 그리고 뒤쪽은 목욕탕의 구조로 배치되곤 했는데, 이 욕탕을 '향수행(香水行)'이라고 불렀다. 근대 상하이에도 비슷한 구조를 갖춘 차관이 보인다.

중국의 목욕탕은 크게 대중탕(池湯, 츠탕)과 개인 욕조를 갖춘 개인 목욕탕(盆湯, 펀탕)으로 나뉜다. 개인 목욕탕은 내부 인테리어에 따라 다시 서양식 욕조가 설치된 양분(洋盆, 양펀), 관분(官盆, 관펀), 객분(客盆, 커펀)으로 세분할 수 있다. 근대 상하이에서는 위생 관념의 보급과 질병 전염의 우려로 인해 대중탕보다는 개인 목욕탕이 선호

되고 있었다.

1840년 이전에도 상하이 성황묘에는 개별 욕조를 설치한 일인 욕탕이 있었다. 끓인 물이 필요 없는 여름철에는 냉수가 나오는 일인용 욕조를 설치해 두고 영업을 하다 가을이면 문을 닫는 차관은 제법 성업을 이루었다. 겨울철까지 뜨거운 물을 제공하던 목욕탕은 간혹 뜨거운 물의 따스한 기운을 이용해 영업이 끝난 밤에 일용직 근로자들의 안식처가 되기도 했다. 두 세 개의 나무 욕조만을 갖추어 놓고 노동자나 영세 상인들을 주 고객으로 삼았던 이들 차관 뒤 목욕탕은 '청수분탕(清水盆湯, 칭수이펀탕)'이라는 입구의 등롱불로 간판을 대신했다.

차관 뒤 목욕탕, 청수분탕
(清水盆湯)

1843년 상하이 개항 이후 조계지 내의 탕펀룽(湯盆弄, 탕분룽)에 집중된 목욕탕은 훨씬 고급화되기 시작했다. 창원(暢園, 창위안), 역원(亦園, 이위안)은 탕펀룽의 목욕탕 가운데 가장 역사가 긴 곳이다. 1875년 이후 각 욕실마다 태호석을 새긴 마호가니가구로 꾸며 놓은 형원(馨園, 신위안)은 그 화려함으로 유명세를 탔다. 춘원(春園, 춘위안)과 이원(怡園, 이위안)에 갖추어진 밀실은 우아한 분위기를 연출했다. 모두 고급스럽고 사치스러운 장식은 기본이었고, 상주하고 있던 안마사와 이발사의 서비스를 받을 수도 있었다.

차관을 찾은 손님들은 오전에는 차관에서 시간을 보내고, 오후에는 목욕탕에서 시간을 보내곤 했다. "아침에는 피부가 물을 적시고, 식후에는 물에 피부를 담근다(早起皮包水, 飯後水包皮)"라는 말

탕펀롱(湯盆弄)

은 이렇게 하루를 보내는 상하이 사람들을 두고 하는 속담이다. 각종 상인들과 거간꾼들, 공장의 주인들은 목욕 후 수건을 걸친 채 한편으로는 차를 마시며 한편으로는 사업에 관한 이야기를 나누었다. 편안한 분위기에서 즐기면서 사업을 할 수 있어 점차 고급 욕실 안에서 사업을 논하는 사람들이 많아지게 되었다. 차를 마시는 일상성이 행해지는 차관 그리고 몸의 현전(現前)이 가능한 목욕탕, 이 두 곳을 오가며 형성된 차객들의 친밀성은 향후 소모임 형식으로 발전하기도 한다. 목욕탕에서도 이동 전화기를 설치하여 상인들의 편의를 도모 한다. 차관에서 독립한 대형 신식 목욕탕이 개설된 것은 신해혁명(辛亥革命) 이후이다.

차관 옆 객잔(客棧)

상하이는 통상(通商) 항구이자 국내 및 해외로의 이동을 위해서는 꼭 경유해야만 했던 곳이다. 근대 상하이의 객잔은 근 천여 개에 달했다고 한다. 차관은 편리한 교통에 술집·다원·기원·연관·차관이 즐비한 얼마루, 산마루, 쓰마루, 그리고 양징방에 주로 개설되었다. 동시에 천여 명의 여행객을 수용할 수 있을 정도의 규모를 갖춘 객잔도 있었으나, 대부분은 10여 명을 수용할 수 있는 작은 규모였다.

객잔의 종업원을 차팡(茶房)이라고 한다. 차팡은 객잔에 투숙한 손님들의 차에 물을 따르고 음식을 나르며 수건을 제공하거나 의복을 보관하고 물건 구매를 대행해주며 수입을 벌었다. 차팡은 남자와 여자 모두를 가리키는 말이었으나 점차 미모를 갖춘 여성 차팡을 '다화녀(茶花女)'라고 부르며, 차팡은 객잔의 남자 종업원을 가리키는 말이 되었다. 닝보(寧波)에 적을 둔 이들이 많아 닝보차팡(寧波茶房)이라고도 불렸다. 온갖 종류의 사람들이 모이는 객잔에서 차팡들은 임기응변과 권모술수에 능해야만 살아남을 수 있었다. 조계지의 하류계층에 속한 이들은 각종 인맥을 통해 항구, 선원, 철도 역무원 등과 긴밀한 관련을 맺고 있었다. 각종 상점의 지배인과 친분을 유지하며 그들의 소개로 손님을 받는 것 또한 꼭 필요한 작업이었다. 때로 각 객잔에서는 차팡들을 부두나 기차역, 장거리 버스 정류소 등에 내보내 손님을 직접 끌어오게 하기도 했다. 객잔의 이름과 성실히 모실 것이라는 글자가 적힌 나무판자를 들고 손님을 끌어들이는 모습은 요즘 중국의 소도시 기차역 등에서 쉽게 만날 수 있는 풍경이다. 상하이를 처음 방문한 투숙객들은 객잔을 통해 조계지의 곳곳에 관한 정보를 얻을 수 있었다. 차팡들은 손님들에게 잘 알고 있는 차관이나 술집 등을 소개했고, 손님의 수와 그들이 소비한 금액에 따라 부가 수입을 챙겼다. 근대 상하이 객잔은 요즘의 여행사 역할을, 차팡은 여행 가이드 역할까지 겸하고 있었던 셈이다.

여객선 앞 차팡들의 호객 행위

벌레가 많은 불결한 객잔

하지만 20세기 초까지도 상하이의 객잔이 여행에 지친 여행객의 휴식을 책임지는 공간은 아니었던 듯하다. 특히 해외 거주 혹은 여행 경험이 있는 신식 중국인들에게 이불과 세면도구를 여행객이 직접 준비하는 객잔의 불편함은 이만저만이 아니었다. 게다가 객잔은 청결과 위생의 측면에서도 전혀 만족스럽지 않았다. 영세 상인과 건달을 주 고객으로 하던 근대 상하이 객잔은 상하이 이주민들의 싸구려 여인숙이자 간혹 차관에서 끼니거리를 제공받는 저급 하숙방에 더 가깝다. 객잔이 차관에서 분리된 것은 근대적 위생과 청결 그리고 서비스의 의미를 첨가한 '~여관(旅館, 뤼관)'과 '~여사(旅社, 뤼서)' 그리고 '~반점(飯店, 판뎬)'으로 이름을 바꾼 무렵이었다.

제4장
차관 오디세이

감성을 깨우다
볼거리를 찾아 | 새로운 경험하기 | 오감(五感) 자극

소통을 꿈꾸며
이야기꾼의 무대, 공연 메카 | 소개소와 해결사, 메신저
민사 사건 조정실, 사설 법정 | 사교와 거래 사이, 차 모임

그들만의 공간
어르신과 늙은이, 노년(老年) | 유희는 교양이 되어, 문인(文人)
스타와 영웅 사이, 기녀(妓女) | 산문을 나서 속세로, 승려(僧侶)
경박한 쾌락을 위해, 청년(少年) | 여전히 문제적인 건달, 유맹(流氓)

예원의 호심정 앞에 난샹(南翔)이라는 만두 전문점이 하나 있다. 이곳의 만두는 우리가 알고 있는 만두와는 조금 다르다. 한 입 깨물면 입 속으로 흘러나오는 뜨거운 육즙 맛이 일품인 샤오룽바오(小籠包)가 그것이다. 상하이 대표 음식 중 하나이기도 하다. 그런데 이 난샹의 샤오룽바오는 그것을 어디에서 주문하는지에 따라 그리고 그것을 먹기 위해 얼마만큼의 시간을 투자하는지에 따라 가격이 달라진다. 대략 1시간은 기본으로 줄을 서서 기다려야 맛볼 수 있는 일회용 용기 안의 샤오룽바오가 가장 저렴하다. 호심정이 바라다 보이는 난간에 걸터앉아 먹을 수 있으면 그나마 행운이다. 대부분 그냥 선 채로 먹는다. 다닥다닥 붙어있는 테이블이기는 하지만 표를 사고 주문을 하면 잠시 후 가져다주는 2층에서는 가격이 조금 올라간다. 일회용 용기가 아니라 만두의 애초 이름처럼 작은 대나무 바구니 모양의 찜기에 담긴 샤오룽바오다. 넓은 창문으로 호심정이 보이기는 하나 그럴 만한 여유를 부리지 못하는 게 아쉬울 따름이다.

회전 테이블이 갖춰진 넓은 레스토랑에서 편안하게 앉아 주문을 하고 기다리기만 하면 되는 3층에서 먹는 샤오룽바오는 가장 비싸다. '특별히 만들었다(特製)'는 글자에서 더욱 입맛을 당기는 뭔가가 있을 것 같다. 그런데 이 만두로 요기를 하기에는 그 가격이 만만치 않다. 난샹만터우뎬(南翔饅頭店)의 1층이 거리와 연결된 곳이라면 2, 3층은 점점 넓어지는 쾌적한 공간에 창문 사이로 호심정을 내려다 볼 수 있는 곳이다. 만두를 먹는 공간이 얼마만큼의 사적 공간을 확보하고 있는지에 따라 그 가격이 결정되는 셈이다.

근대 상하이 차관 역시 1층은 노점 찻집의 형식을, 2층부터는 고급 차관과 기타 유흥시설이 갖추어진 공간으로 배치되어 있었다.

▲ 난샹 만두점 1층 외관

▲ 난샹 만두점 3층

▲ 난샹 만두점 만두를 사기 위해 기다리는 사람들

▲ 난샹 2층 샤오룽바오

01
감성을 깨우다

볼거리를 찾아

　　　　근대 이전 차를 마시는 공간의 많은 형태는 거리를 향해 개방된 형식의 작은 찻집이었다. 시장 거리에 혹은 공원에 마련된 테이블과 의자는 아예 바깥 공간으로 나와 있었다. 그래서 차를 마시는 사람과 거리의 소통이 가능했다. 그런데 근대 상하이 조계지 차관의 상당 부분을 차지하고 있던 누각 형태의 차관에서 변화가 일어났다. 층층이 다른 기능을 가지고 있던 차관 내 구조에 따라 차를 마시는 공간이 거리와 연결되기가 쉽지 않았기 때문이다.

　　　　구조가 바뀐 차관과 달리 아직 많은 문화적 행사들은 여전히 거리에서 지속되고 있었다. 각종 절기를 기념하는 행사들은 물론이고 지금은 지극히 개인적인 것으로 간주되는 결혼, 장례 등과 관련된 일들이 모두 거리를 통과해 많은 이들의 이야깃거리가 되고 또 정보가 되었다. 그래서 조계지 내 차관들은 베란다나 조그맣게 나 있는 창문을 통해 거리의 각종 행사들을 볼 수 있도록 했다. 다른

좌) 차관 앞을 지나는 신부
맞이 꽃가마 행렬
우) 누각의 2층에서 거리를
보는 사람들

건물에 비해 높게 올라 누각 형태로 되어 있는 상하이 다루는 화려한 분장과 치장으로 거리를 메우는 볼거리들을 내려다보며 관람하기에 더없이 좋은 장소였다. 1층에서는 갖가지 곡예가 펼쳐지고 2층에서는 차를 팔던 청련각(靑蓮閣)은 축제의 광경이 한 눈에 들어와 거리 공연이 있는 날이면 가장 인기 있는 차관 중 하나였다.

그리고 다루 속 손님들은 어느새 파노라마처럼 펼쳐지는 거리의 풍경을 응시하는 구경꾼이 되어갔다. 창문을 통해 혹은 좀 더 실감나는 볼거리를 원한다면 외부와 연결된 베란다를 통해 거리의 풍경들을 구경하고 또 그 구경을 통해 즐거움을 얻는다. 아무런 의식 없이 그저 구경만 하면 되었던 차관은 눈앞에서 일어나는 실제 상황을 자신들만의 시선으로 권력화 시킬 수 있는 가능성의 공간으로 여겨졌다. 파노라마적 시각을 가능하게 했던 차관이 만들어 준 구경꾼들, 그리고 구경거리가 된 상하이 조계의 현실은 향후 상하이 대중 사회의 기반이 된다.

새로운 경험하기

창문은 빛과 신선한 공기를 제공하는 동시에 건물과 외부를 연결하는 통로이다. 건축물 디자인에서 가장 복잡하고 흥미로운 부분 중 하나이다. 유리 크기의 제한이 더욱 큰 조망을 제공하려는 초기 건축 혁신의 원인이 되었다고도 한다. 강변에 위치해 있던 상하이 차관 여수대(麗水臺)의 창문은 목을 축이러 온 차객들에게 아름다운 자연 환경을 선사하며 절묘한 풍경과 정취를 자아내었다. 쓰마루에 개설된 랑원제일루의 창문은 차관에 대한 시선의 방향을 전도시키기에 충분했다. 전통적인 차관에 대한 경험만으로는 이해하기 힘들었던 랑원제일루의 외관은 그 자체만으로도 바라보는 이들에게 하나의 사진이며 이미지였다. 우선 기존의 차관이 중국 전통식 외관을 따랐던 것에 비해 랑원제일루는 서양식 건물을 본떠 지었다. 게다가 3층 건물 사면이 모두 유리로 만들어졌다. 맑은 날이면 마치 수정궁에 앉아 있는 듯 한 랑원제일루의 유리는 이곳을 찾은 차객들을 어둠도 그림자도 없는 찬란한 빛의 세계로 인도했을 것이다. 차관 안 그들만의 공간에서 차객들이 느끼는 은폐감은 외부와 연결하던 통로인 창문을 통해 오히려 외부와의 단절을 경험하게 하며 그들만의 욕망을 키운다.

푸른 노을도 잠시 머무르는,
랑원제일루는 상하이의 제일이다.
손님에게 더해지는 농염한 기운,
아름다운 여인과 향기로운 차 둘을 얻는다.

(상호선사(湘湖仙史), 「양장번화소지(洋場繁華小志)」)

좌) 랑원제일루
우) 랑원제일루의 화재

　　　　랑원제일루는 규모도 당시 차관 중 가장 컸다. 이삼 층을 합쳐 동시에 천여 명을 수용할 수 있었으며 아편을 피우는 암실이 별도로 마련되어 있었다. 아래층은 당구장(彈子房, 탄쯔팡)이다. －흥미롭게도 라오상하이 열풍(老上海熱)이 불던 최근 몇 해 전부터 당구장은 상하이 젊은이들의 각광받는 레저 활동 장소로 급부상하기 시작했다－ 차관 내부 인테리어에 들인 공 역시 대단하다. 일단 답답해 보이기 쉬운 나무 칸막이들의 높이를 낮추고 흰색 커튼을 달았다. 실내에는 검정색 옻칠을 한 정방형 탁자와 붉은 실이 새겨진 흰색 방석을 믹스 매치한 네 개의 등받이 의자를 놓았다. 흰색과 검은색 그리고 붉은 색이 절묘하게 만들어내는 분위기는 기대어 편안히 쉴 수 있는 등받이 의자와 함께 자연스러우면서도 안락한 느낌을 들게 하기에 안성맞춤이었다. 이보다 좀 더 고급스러운 분위기를 원하는 손님들을 위해 마련된 특별한 공간도 있다. 대리석으로 마무리된 차 탁자와 고색창연한 마호가니(紅木) 의자가 배치되어 있고, 다기는 도자기 주전자와 뚜껑이 있는 찻잔이다. 차에 맞는 차 도구를 준비하는 것은 기본이었고, 손님을 위해 시중에서는 팔지 않는 다구와 다기를 주문 제작해 차의 문화적 내연을 더욱 깊게 만들고자 했다. 벽에는 유명한 화가의 글자와 그림이 걸려 있다. 랑원제일루의 명성은 일시에 퍼졌고, 먼 지역에서 상하이를 처음 온 사람이라면 일부러라도 꼭 들러보는 장소가 되었다. 이 대중화된 표상 공간의 모든 것은 사람들의 호기심어린 시선을 자극하기에 충분했고, 그곳을 찾는 손님 모두는 신선의 반열에 들 만 했다.

   물론 수정궁에 신선 같은 상류층만이 드나들었던 것은 아니다. 상당수의 건달과 한량, 기녀와 기녀들의 시중을 들던 여종, 할 일 없는 문인과 갈 곳 잃은 청년(少年) 등도 이곳을 찾았다. 랑원제일루에 들어선 이들은 그곳에서 신분의 경계선을 넘어선 소비자로서의 의식을 서서히 몸으로 체득하기 시작한다. 상징적 기념물로서 수정궁과도 같은 낭원제일루의 등장이 자본을 느끼기 시작한 사람들을 새로운 욕망의 매커니즘 속으로 접속시킨 것이다. 그리고 그들 모두는 새로운 경험 '하기'에 빠져든다.

오감(五感) 자극

   청대 차관의 중요한 특징은 찻집이 단순히 차를 마시는 공간만으로 구성된 것이 아니라 화원이나 정자 등을 그 안에 함께 배치하기 시작했다는 점이다. 손님들은 차를 맛보면서 번잡한 세상을 떠나 다른 세상에 온 것 같은 이채로움을 느꼈다. 그러나 청말(清末)의 차관은 이렇게 관조의 대상이 되어 인간과 분리되어 버린 자연 경치만 품은 것이 아니었다.

   1880년 쓰마루에 세워진 일품향(一品香, 이핀샹)이 화려해진

좌) 일품향 전경
우) 일품향 내부

외관과 함께 결합한 다양한 요소들은 또 다른 감각적 자극을 제공했다. 어느 차관이든 배경이 되었을 음악이 주는 청각적 자극은 기본이었다.

  일품향의 두 번째 자극은 황홀한 맛, 미각이었다. 근대 상하이의 대표적인 서양음식점으로 더 유명한 일품향은 차관이었다. 일품향에는 당시 여타의 차관들처럼 저렴한 가격의 짜오차(早茶)와 온갖 메뉴의 간식거리들이 함께 갖추어져 있었다. 지금으로 말하자면 브런치와 간단한 점심, 그리고 애프터눈 티를 한곳에서 즐길 수 있었던 것이다. 물론 가장 주목받는 일품향의 맛은 신비롭고 이국적인 호기심의 대상인 서구음식이었다. 조계를 통해 바라 본 서구에 대한 호기심과 관심이 이국적 분위기로 포장된 서양음식의 소비를 통해 서구를 맛본다는 대리 만족으로 이어진 것이다. 일품향을 찾는 이들은 음식의 맛이 아니라 접해보지 못했던 음식의 낯설음과 이국성에 더 매료되었다. 서로 다른 문화가 접촉하면서 뒤섞여 가는 과

정이 '서양요리(番菜, 판차이)'라는 색다른 용어로 표현되는 순간 새롭고 고급스러운 무엇인가로 승화되며, 타인과의 차별성을 만들어낼 수 있었기 때문이다.

다음으로 무엇보다 빼놓을 수 없는 것은 제공된 눈요깃거리들로 인한 즐거운 눈, 시각적 자극이다. 차관 입구에 파충류를 전시해 사람들에게 감상거리를 제공하고 있던 일품향에서는 다시 거금을 들여 표범 한 마리를 사들인다. 우리 안 표범을 보기 위해 많은 사람들이 몰려들었다.

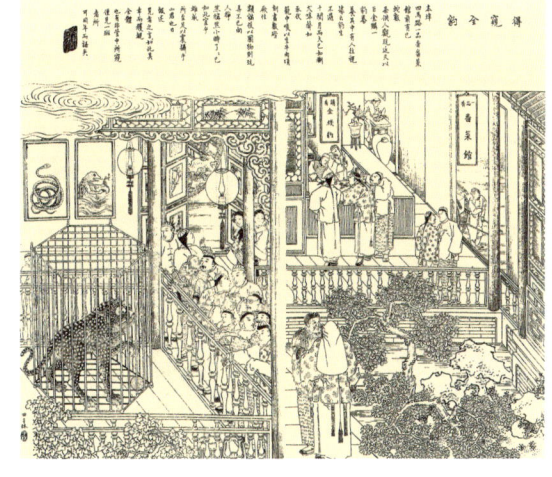

일품향 입구의 표범.
「온전한 표범을 구경하다(得窺全豹)」, 『점석재화보』 1885.2.9.

모든 이국적 동물의 전시 혹은 수집의 배후에는 어떤 정치, 경제, 사회적 세력 혹은 의도가 존재하기 마련이다. 우리 속 표범이 일품향과 갖는 상관관계 역시 경제적인 이유가 첫 번째일 것이다. 하지만 이와 동시에 황제의 권력으로 상징되었던 희귀 동물들이 이제 상하이의 차관을 찾는 이들에게는 약간의 관람료만으로 즐길 수 있는 대상이 되었다는 점도 흥미롭다. 상하이에 동물원이 들어서기 전, 일품향 입구 표범을 가두고 있던 "우리는 이제 인간과 동물의 자연스러운 만남이 불가능하다는 사실을 기념하는 새로운 신호였다." 그 신호가 근대 차관의 변모된 형태에서 비롯되었다는 점 역시 주목할 만하다.

넷째, 일품향은 그 내부에 당구(snooker)장과 함께 볼링장을 설치했다. 이곳을 찾은 여인들의 날렵한 손놀림을 위해 여인들의 의

복 소매가 좁아지면서 복장 혁신의 계기를 마련하기도 한다. 그리고 그들은 경쾌한 느낌, 촉각의 자극을 즐겼다.

다섯째, 차의 향기를 즐기기 위해 들어선 차관은 여인들의 옷자락 사이로 흩날리는 향수 향, 각국의 음식들이 뿜어내는 온갖 향신료의 향, 그리고 아편 연기의 독특한 향들과 함께 어우러져 차객들의 후각을 강렬히 자극했다.

차관은 그 자체로 오감 자극의 공간이었던 것이다. 다양하게 나누어진 공간들을 소비하면서 손님들은 그 공간 안에서 자신들의 감각을 '모던'하게 만들었다.

02

소통을 꿈꾸며

　　　　상하이 모던 찻집의 차객들은 차관에서 시간 보내는 것을 좋아했다. 몇몇 나이든 차객들은 날이 밝자마자 도착하여 날이 저물어서야 돌아갔다. 세수하고 밥 먹고 친구를 만나고 신문을 보는 것 모두를 차관에서 해결했다. 집에서는 그저 잠만 잘 뿐이다. 차관은 차관 그 이상이었다. 두세 명이 합쳐 주문을 할 경우에는 훨씬 더 적은 비용으로 하루를 보낼 수 있었다. 잠시 자리를 비우더라도 찻잔의 뚜껑을 덮어놓기만 하면 차관의 영업이 끝날 때까지 그 자리는 먼저 자리한 차객의 것이었다. 어떤 차객들은 고정 좌석을 가지고 있었다. 차관도 이들에게 최대한의 편의를 제공했다. 배가 고픈 이들을 위해서는 저렴한 가격 혹은 공짜로 먹을 수 있는 요깃거리를 마련했다. 말린 두부, 전병, 춘권, 튀긴 찐빵, 물만두 등 종류도 다양하다. 오랜 시간 차관에서 보낼 수 있도록 마작을 구비해놓고, 각종 잡희(雜戲)와 같은 볼거리도 제공했다. 이상은 지금도 상하이의 차관에서 볼 수 있는 풍경이다.

이야기꾼의 무대, 공연 메카

상하이 차관에서는 흥미진진한 이야기를 들을 수 있었다. 손님을 끌기 위해서 차관은 오락적인 요소를 빼놓지 않았다. 그중에서 가장 대표적인 것은 강담(講談)이라고도 불리는 설서(說書)다. 설서는 전문 이야기꾼이 책의 내용을 대사나 창으로 풀어내는 것이다. 차관이 결합한 오락적 요소 가운데 이미 송대부터 시작되어 가장 오래되고 또 현재까지 이어지고 있는 전통이기도 하다.

이야기를 들려주는 이야기꾼을 설화인(說話人), 설서인(說書人) 혹은 설서선생(說書先生)이라고 한다. 차관에서 이야기를 듣는 청중에게 이야기꾼은 최고의 권위를 지니고 있었다. 넓은 세상에 대한 호기심을 채워주기 어려웠던 시절, 이야기꾼의 이야기를 듣기 위해 모인 사람들은 그들이 들려주는 이야기를 통해 여러 가지 상황들을 접하게 되었고 이로 인해 세상을 바라보는 안목을 지닐 수 있다고 믿었다. 작은 시골 마을일수록 딱히 별도로 서장을 갖춘 공연장이 있을 리 만무했다. 1년에 몇 차례의 공연도 이루어지기 어려웠으니 평소의 오락 활동이라고는 차관에 가서 이야기꾼의 이야기를 듣는 것이 전부였다.

동한시대 설서용(設書俑)

마여비(馬如飛)라는 한 이야기꾼이 상하이 교외 차관에서 『진주탑(珍珠塔)』을 공연하던 날, 그 날은 마침 방경중(方卿中)이 장원급제를 하여 금의환향하는 날이었다. 마을 사람들 모두 마여비의 이야기를 듣기 위해 차관으로 모여들었고, 관청에는 일할 심부름꾼이 거의 남아있지 않았다. 결국 마을을 총괄하던 지현(知縣)은 마여비를 관청에 불러들여 바로 떠날 것을 청한다. 그러나 마여비가 이를 선뜻 받아들이지 않자 지현은 그렇다면 더 이상 업무를 처리할 수 없는 자신이 떠나겠다고 한다. 이에 마여비는 황망히 마을을 떠날 수밖에 없었다는 일화가 있다.

그러나 상하이 조계지의 규모가 큰 차관에서는 별도의 서장을 마련해 놓았다. 춘풍득의루에는 차관 안에 세 개의 서장이 있었다. 춘풍득의루가 자리한 성황묘 뒤쪽 오로봉(五老峰, 우라오펑)은 이야기꾼과 창곡(唱曲)을 하는 이들이 모이던 곳이다. 이야기꾼은 크게 남북 두 파로 나뉘었다. 북파(北派)는 주로 양저우(楊洲) 방언으로 평화(平話)를 공연했고 남파(南派)는 쑤저우(蘇州) 방언으로 평탄(評彈)을 공연했다. 당시 상하이에는 남파의 이야기를 듣는 청

춘풍득의루의 공연

중이 더 많았다고 한다. 상하이 차관에서 청중들은 몰려드는 각 지역의 설서인들을 통해 다양한 지방 문화를 접할 기회를 가질 수 있었으며 동시에 자신들만의 설서 취향을 만들고 있었던 것이다. 하지만 상설 공연장이 생겨나면서 이야기의 내용과 형식에도 다소 변화가 생겼다. 또한 차관에서는 네다섯 종류의 이야기를 정해진 몇 명의 이야기꾼이 차례로 들려주는 방식을 채택하고 있어 사실상 남과 북의 구분도 점차 모호해져 갔다. 상하이 차관의 경영 방식으로 인해 설서의 지방성이 점차 엷어졌으니 설서의 통일이라고 할 수도, 문화의 균질화라고 할 수도 있겠다.

서장에서 음란한 내용의 탄사를 듣는다는 것은 개인의 사적 영역이 새롭게 배치된 공공영역에서 행하는 은밀한 탐색과도 같은 것이었는지 모른다. 이야기꾼들이 권위를 상실한 예능인으로 자

좌) 상하이 쑹위안차예관에서 탄사 공연을 감상하는 사람들. 이야기를 들으며 행복해하는 사람은 여전히 존재하며, 그들은 여전히 차관을 찾는다.
우) 쓰마루(四馬路)의 한 차관에서 서양 기녀를 고용하여 탄사를 하게 한다. 「서양인 기녀의 탄사(西妓彈詞)」, 『점석재화보』 1887. 3. 29.

리를 굳혀갈 무렵 서장은 교육의 장으로 그 변신을 시도하기도 한다.

소개소와 해결사, 메신저

차관은 차를 마시는 공간이었을 뿐만 아니라 중국 전통 사회에서 인간관계를 유지하는데 중요한 역할을 하는 곳이기도 했다. 그래서 중국 사회에서 차는 사회문화적 의미로 확대되곤 한다. 중국에는 예로부터 손님이 오면 세 잔의 차를 우려낸다는 말이 전해져 온다. 첫 번째 우려내는 차는 찾아준 것에 대한 경의를 표하는 것이자 손님의 갈증을 가시게 하기 위함이다. 두 번째 우려내는 차는 차의 맛을 즐기고 주인과 손님이 편안하고 즐거운 대화를 나누기 위해서이다. 세 번째 차는 엷어진 차의 맛과 함께 손님이 돌아갈 준비를 하고 작별을 알리게 한다. 차로 손님을 접대하는 것은 예(禮)의 한 방식이었다.

관계를 유지시키는 매개체로서 차는 중국인의 일상생활뿐만 아니라 혼례나 제례 혹은 종교의식을 통해 인간과 인간, 살아있는 자와 죽은 자, 인간과 천지(天地) 혹은 부처의 관계로도 확대되었다. 남조시대 제(齊) 무제가 차를 위패에 바치도록 했다는 기록으로 볼 때 그 역사의 오랜 정도를 짐작해볼 수 있다. 결혼식에서도 차는 빠져선 안 될 주요 예물이었으며 동시에 예식의 한 순서를 차지하고 있었다. 차가 결혼의 예물로 사용된 것은 고대 사회에서 차나무와 차가 지녔던 값어치가 주된 이유일 것이다. 하지만 한족(漢族)의 경우 그 이면에는 또 다른 의미가 부여되어 있었다. 바로 다른 곳으로 옮겨 심을 경우 시들고 마는 차나무의 특성과 결부하여 여성의 결혼에 일부종사의 도덕적 가치를 부여하는 것이다.

그런데 바쁜 일정으로 이러한 의식을 미처 챙기지 못해 범하게 될 무례를 미연에 방지하기 위해 차관은 특별한 서비스를 제공해 주었다. 바로 손님들을 대신해 차례나 명절, 잔칫날, 기념일 등에 차를 보내면서 축하나 위로 인사를 함으로써 '차리(茶禮)'를 챙겨 주는 것이다. 또한 차관은 혼기를 앞둔 자녀들의 배필을 찾아주는 장소이기도 했다. 그래서 결혼을 앞둔 자녀가 있는 나이 지긋한 노인들은 차관을 찾는 중요 차객일 수밖에 없었다. 하지만 가정과 연애라는 것이 점차 사적 영역으로 포함되는 시대적 흐름과 함께 차관의 이러한 서비스는 차츰 사라져 간다. 다만 양가 부모가 만나 날짜를 잡고 자녀들을 서로 만나게 한 후 쌍방이 마음에 들 경우 혼인에 이르게 되는 과정은 지속적으로 차관에서 이루어졌다.

민사 사건 조정실, 사설 법정

근대 이후 빈번해진 전란은 잦은 통치자의 교체를 가져왔다. 통치자에 따라 달라지는 각각의 통치방식에 사람들이 적응하기란 쉬운 일이 아니었다. 특히 분규가 발생할 경우 그에 대한 처리 방식을 예견하기란 더욱 어려웠다. 결국 민간에는 점차 불문율의 규칙이 생겨났다. 재판할 돈도 없는 백성들이 분규의 발생을 관아에 알리는 것이 아니라 당사자들끼리 차관에 가서 중재를 시도하는 것이다. 이를 '츠장차(吃講茶)' 혹은 '츠핀차(吃品茶)'라고 불렀다.

츠장차는 대부분이 경제적인 이유로 시도되었지만 남녀 관계나 사소한 말다툼 등 그 원인은 다양했다. 방식 또한 각양각색이었다. 보통 중재인의 유무에 따라 그 방식을 나눈다. 하지만 중재인을 청하지 않고 직접 담판을 하는 경우보다 이해 당사자들 모두가 수긍할 만한 그 지역의 덕망 있는 인물을 청해 중재를 요청하는 경우가 더 보편적이었다. 일반적인 절차는 다음과 같다. 우선 분쟁 당사자들이 구체적인 시간을 정해 차관을 예약하면 차관에서는 차와 점심을 준비한다. 조정 당일에는 이해 당사자 양측이 차관에 모인 모든 손님에게 차를 올려 예를 표한 다음, 그 앞에서 각자의 입장과 요구 사항을 말한다. 양측의 발언이 끝나면 현장의 차객들은 자신들의 생각을 나누게 되고 중재자가 양측의 진술과 현장의 의견을 종합하여 판결을 내린다. 보통 판결이 나면 당사자들은 주변 차객들의 부추김 속에 무조건 그 결과를 받아들였고, 중재자가 녹차와 홍차를 한 잔씩 따라 주면 술잔을 부딪쳐 마심으로써 서로의 앙금을 풀게 되었다. 찻값은 반씩 부담하는 경우도 있었으나 대체로 진 사람이 지불했다. 다양한 차객들의 의견을 수용하고 접목하여 계층 간의 문화를 수정 또는 재생산하는 츠장차 풍속은 근대 사회의 완충 장치였다. 차관은 분규가 발생한 당사자들이 시비를 가리고 평가를 받는 장소를 제공하여 재판장은 없지만 재판을 하는 그야말로 명실상부한 민사 분규 조정 장소였던 셈이다. 그러나 중재자의 중재안을 한 쪽이 불응하기라도 하면 더 큰 분란이 생기는 경우도 있었다. 1860년대에서 70년대에 성행하기 시작한 차관의 츠장차 풍속은 관부의 금지 명령에도 불구하고 대략 70여년 가까이 지속되었다. 개인에 대한 처벌에 국가의 통제가 강화되면서 차관에서의 츠장차는 사라지게 된다.

사교와 거래 사이, 차 모임

차관에서는 온갖 계층과 신분의 사람들이 모여 각종 지식과 정보를 교류했다. 차관에서 사람들은 자질구레한 일상사에 관한 소식들을 접할 수 있었으며, 상품에 관한 설명을 공유했고, 직업에 관한 정보를 얻기도 했다. 역사와 문화 그리고 사회 전반에 걸친 다양한 견해와 의견들이 교류되는 소통의 공간이자 일상과 관련된 모든 일들이 이곳을 거쳐 가는 매체적 공간이었다. 중국 근대 상하이 경제가 점차 발전함에 따라 민국(民國)초 각종 직업에 종사하는 사람들은 일정한 차관을 정해 놓고 정시에 모여 차를 마시며 정보를 교환하고 사업을 도모하기 시작했다. 사람들은 이를 '차후이(茶會)'라고 불렀고, 경제학자들은 이를 '차후이시장(茶會市場)'이라고 부른다.

상인들의 사업장

상하이의 많은 공상업계 종사자들 대부분은 도처에 항후이(行會, 연합조직)를 두고 교류와 영업상의 편리를 위해 정시에 정해진 장소에서 차 모임을 열었다. 1949년 해방 이전 청련각, 동우춘(同羽春, 퉁위춘), 락원(樂園, 러위안), 일락천(一樂天, 이러톈), 춘풍득의루 등 27개의 차관에서 70여 개의 직업 차후이가 열렸다. 21곳은 조계지 내에 있는 차관이었으며 나머지 6곳은 남시(南市)와 훙커우(虹口) 부근의 차관들이었다. 이들 차관에는 매일 새벽부터 과피마오를 쓰고 찾는 상인들의 대화 소리가 끊이지 않았다. 직업적인 전문 용어와 은어로 이루어지는 차후이에서 소기의 목적이 달성되면 차객들은 바로 자리에서 일어났다. 차를 마시면서 한가로이 시간을 보내던 차객들과는 분명 다른 모습이다. 정해진 시간에 따라 빠르게 회전하는 차후이는 차관의 좌석 점유율 역시 높여주었다. 쓰마루 청년각을 예로 들자면 2층 차후이는 오전에는 삼베업과 복장업에 종사하는 각 50여 인의 차객이 차관에 들렸으며, 오후 4시에서 6시까지는 벽돌 가루 수공업 종사자 백여 명이 차관 내에 설치된 접수처에 들렸다. 3층 차후이는 오전에는 안료(물감)와 날염업 종사자 100여 명이, 오후에는 면화업 종사자 200여 명과 섬유업 종사자 50여 명, 건축 자재와 건축업 종사자 300여 명이 다녀갔다. 차후이 활동 시간은 대략 매번 2시간 가량이었다. 평소 차후이 활동에 참여하던 5,600여 명 가운데에는 공장이나 상점을 경영하는 1,000여 명의 상인과 500여 명의 소상인을 제외하고 나머지는 거간꾼 혹은 중개업자가 70% 이상을 차지했다. 이들 브로커들은 익숙한 시장 상황과 넓은 인맥을 동원할 수 있어 그들을 통할 경우 교역의 성사 비율을 높일 수는 있었으나 사례

금을 지불해야 하는 까닭에 그 과정에서 사기와 같은 사건이 발생하기도 했다. 그럼에도 불구하고 광범위한 네트워크의 형성이 가능했기 때문에 직업과 관련된 구성원들은 거의 매일 차후이에 다녀가곤 했다. 일부 직업들의 차후이는 다시 몇 개의 세부 그룹 차후이로 나누어질 정도로 왕성한 활동을 벌이기도 했다. 상인 및 중개업자들에게 차관에서 이루어지는 차후이는 그들의 직업상 거점 공간이자 동시에 새로운 부가가치를 창출해내는 중요한 생산 공간이었다.

중개업자들의 복덕방

차관의 고정 차객 중에는 일종의 부동산 중개업에 종사하는 사람들이 있었다. 그들은 일정한 거처가 없었던 만큼 사실상 차관에서 가장 많은 활약을 하던 브로커들이었다. 고층 건물로 둘러싸인 와이탄 안쪽 대다수의 중하층 거주민들은 석고문(石庫門, 스쿠먼)이라는 독특한 주거 공간에서 생활하고 있었다. 석고문은 근대 상하이의 대표적인 거주 양식으로 2, 3층으로 지어진 다세대 주택이다. 강남의 전통 주택 삼합원(三合院)의 내부 양식에 외관 및 건물의 배치방식은 유럽의 건축양식을 활용하고 있다. 동서양의 장점을 융합하여 경제성과 기능성을 추구한 합리적 공간이 석고문이다. 가족을 떠나 홀로 상하이로 몰려든 이주민들에게 석고문은 삶의 터전이기도 했다.

석고문을 근대 상하이 주거지의 상징이게 만든 이유로 석고문내 작은 공간들이 가져 온 부동산 거래의 활성화를 거론하지 않을 수 없다. 석고문은 원래 한 가족이 독채로 사용하도록 지어진 것이었다. 하지만 조계에 몰려드는 이주민들로 인해 석고문은 점차 분상) 아직 상하이 서민들의 거주 공간인 석고문.
하) 석고문 건축 양식으로 지어진 신텐디.

할 임대되기 시작하며 집주인(房東, 팡둥)과 세입자(房客, 팡커)를 만들었다. 아예 한 채의 석고문을 빌려 자신이 사용하는 부분을 제외한 남은 방들을 다시 세를 놓는, 일종의 전전세로 이익을 보는 두 번째 주인(二房東, 얼팡둥)도 생겨났다. 두 번째 주인은 어느 집에 세를 내놓는

다거나 권리를 양도하려고 한다든가 누군가의 집이 급하게 이사를 가야한다는 등의 소식을 들으면 다리를 놓아 교섭을 시도했다. 이 과정에서 세 번째 주인(三房東, 산팡둥) 심지어 네 번째 주인(四房東, 쓰팡둥)까지 생겨났다. 중개가 성사될 경우 두 번째 주인은 가장 높은 금액의 임대료에서 10%의 수수료를 받았다. 부동산 중개인이 탄생된 것이다. 그리고 부동산 투자로 가업을 번창시킨 집주인은 다팡둥(大房東)으로 승격된다.

석고문 안 열세 가구와 팡둥

많은 집 주인과 세입자들은 차관에서 중개업자들을 통해 서로 필요한 세입자와 주택을 찾았다. 이러한 부동산 중개업자들은 각 차관에 퍼져 있었는데, 그 가운데 가장 유명했던 곳이 춘풍득의루이다. 어떤 이들은 부동산 중개업자들을 가리켜 부르던 용어를 더해 이들의 만남을 '흰개미 차후이'라고 부르기도 했다.

사복 경찰들의 밀탐 장소

차관에서는 다양한 소식을 접할 수 있었다. 가끔 아주 황당한 소식을 들을 수도 있었다. 루쉰(魯迅, 노신)은 「산민목창서(山民牧唱序)」에서 다음과 같이 회고한다. "중일전쟁(1894년) 때로 기억하는데, 내가 살던 고향에서도 하는 일 없이 빈둥거리는 사람들이 있었다. 그들이 매일 밤 차관에서 돌아와 여자들과 아이들에게 무슨 류(劉) 대장군인가 하는 장군(劉永福)이 요강진지(夜壺陣)를 벌렸다는 기괴한 말들을 들려주면 모두들 만면에 웃음을 머금고 듣곤 했다."

차관의 각종 정보를 가장 잘 활용한 이들은 조계지 경찰서(巡捕房)의 사복 경찰들이었다. 그들은 차관을 드나들며 각종 정보를 얻기도 하고 또 유언비어를 흘리기도 했다. 이들 가운데 일부는 의도적으로 자신들의 신분을 노출시킨 채 차관에서 차후이를 조직하여 사건을 처리하기도 했다. 당시 좀도둑이나 강도들은 신문이나 잡지와 같은 매체에 신상이 공개되는 것보다 차후이에 들어가는 것을 더 두려워했다고 한다. 차후이에 발을 들여놓는 순간 사복 경찰들이 미리 깔아놓은 정탐꾼들에 의해 발목을 잡히기 마련이었기 때문이다. 만약 정탐꾼에 의한 확인 작업을 거친 이후에도 자백을 하지 않거나 거간꾼이 확인을 했음에도 자백하지 않을 경우 사복 경찰들은 차후이에서 만들어 놓은 밀실로 끌고 가서 각종 고문을 가해 자백을 받아내곤 했다. 사복경찰은 자백 내용을 근거로 이들을 관청에 이송했다. 사복경찰들을 관리하는 관청에서도 차후이의 사건 처리 방식에 개입된 강압적인 요소들을 모를 리가 만무했다. 편의상 묵인할 뿐이었다. 이로 인해 비합법적 차후이는 점차 합법화되어 갔고 몇몇 정탐꾼들은 죄 없는 평범한 백성들을 억지로 차후이에 끌고 가 재물 갈취의 수단으로 삼기도 했다. 사복 경찰의 부정적인 이미지와 함께 위험스러운 곳으로서의 차관 이미지는 더욱 강화된다.

기자들의 취재와 집필 공간

속칭 '신아문(新衙門)'이라고 불렸던 회심공당(會審公堂, 법정) 맞은편 차관에 공당(公堂) 기자의 차 모임이 개설되었다. 민국 초 사건 당사자들이 신문에 사건이 실리기를 원하지 않거나 혹은 본명이 신문에 나오기를 원하지 않을 경우, 이들이 취할 수 있는 가장 빠른 지름길은 기자들의 차후이에서 관련 기자를 찾는 것이었다. 사건 보도 자체를 하지 말라고 요구할 수도 있었으며 간혹 당사자를 거론하지 않는 선에서 해결되기도 했다. 공당 기자 수가 많은 것은 결코 아니었지만 기자들의 차후이는 회심공당의 여론을 좌지우지할 수 있었다. 각 매체마다 사건의 내용이 유사한 것은 차후이를 거친 기자들 간의 조정 때문이었다.

늦은 밤까지 작업 중인 기자들.

03

그들만의 공간

　　　　　근대 상하이 차관마다 목표로 설정하는 주 고객층, 즉 차객은 상이했다. 길가의 호랑이 아궁이에서 겸하던 찻집은 이동 중이거나 할 일이 바쁜 사람들의 해갈을 위해 마련되어 있었다. 성황묘 근처 춘풍득의루에서는 나이가 지긋한 노인들을 만나기 쉬웠을 것이다. 간간히 보이는 젊은 층은 집을 구하거나 세를 내놓기 위해 온 사람들이었을 확률이 높다. 청련각의 젊은이들은 기녀들의 분내를 탐닉하는 젊은 한량들이거나 십중팔구 상하이를 처음 찾은 여행객이 분명하다. 물론 민국 초가 되면 과피마오를 쓴 사장님들이 더 많았을 테지만 말이다. 서화로 유명한 유달부(俞達夫, 위다푸)가 개설한 문명아집(文明雅集)은 문인들이 모이던 차관이다.

　　　　상이한 차객만큼이나 차관들이 추구하는 이미지 또는 경영 방식 역시 달랐다. 서양여인의 탄사를 이용해 호기심을 자극한 차관도 있고, 은밀한 공간의 확보를 통해 춘색(春色)을 꼭꼭 감춰둔 차관도 있다. 청련각은 거리를 순회하는 기녀들의 유명세를 통한 마케팅에 주력했으며, 다양한 오락 공간을 갖춘 차관들은 죽지사(竹枝詞)와 같은 문자 광고를 주로 활용했다. 상하이를 찾은 여행객들이라면 들러보고 싶어 했던 랑원제일루의 명성은 여행객들의 숙소인 여관에서 일하는 점원들(茶房) 덕이 컸다. 춘풍득의루는 주 고객들에게 할인 서비스를 실시했고, 이주민의 정서를 자극한 동방거는 고품격 서비스로 손님을 모았다. 상하이 차관의 주요 광고 수단이 무엇이었든 간에 공통적으로 중시한 것은 입소문이었다.

어르신과 늙은이, 노년(老年)

무대가 잘 갖추어진 차관 안 서장에서 이야기를 듣는 비용은 결코 만만치 않았다. 쑤저우(蘇州) 광유사(光裕社)의 유명 설서인들을 차관 안으로 불러 공연을 시작한 춘풍득의루에서 차를 마시며 이야기를 듣기 위해 지불해야 하는 돈은 적지않은 금액이었다. 만약 이어서 두 번을 들을 경우 가격은 두 배를 지불해야 했다. 수건 값도 따로 받았다. 그러나 이곳에서는 노인 차객들을 위해 특별 서비스를 제공하고 있었다. 우선 그날 손님 가운데 나이가 가장 많은 차객에게는 최고의 도자기 다호(茶壺)를 제공했다. 또한 30명의 인원을 제한하여 일정 금액을 할인해 주었으며, 두 번 연속 들을 경우에도 추가 비용을 따로 받지 않았다. 차관의 주요 고객층이었던 노인들을 위한 차(老人茶)는 춘풍득의루의 서장 공연을 항상 만원으로 만들어 주었고 이는 기타 차관으로 확산되었다. 노인들을 공경하는 풍습에서 나온 것으로 여겨지는 '노인 차'는 설서의 전통에 익숙했던 손님층의 확보를 위한 일종의 전략적 마케팅이라고도 할 수 있겠다.

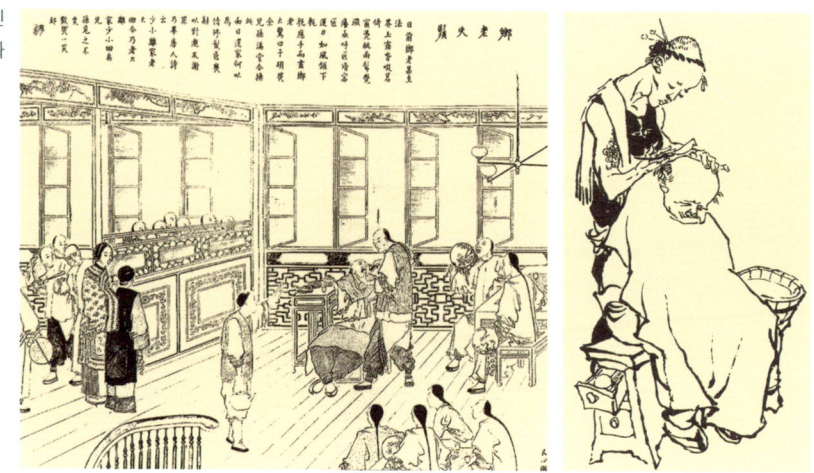

좌) 「수염을 다 밀린 노인(鄕老失須)」, 『점석재화보』 1887.8.4.
우) 이발사

하지만 상하이 조계지 내의 차관에서는 이러한 서비스가 제공되지 않았다. 완벽한 소비 공간으로서 변모하고 있던 이들 차관 안에서 보여주는 노인의 모습은 그다지 편안하게만 느껴지지 않는다. 프랑스 조계지 옥로다루(玉露茶樓)에서 차를 마시던 한 노인이 턱이 간지럽던 차에 면도사를 불러 면도를 했다. 그런데 면도사는 그만 순식간에 노인의 수염을 모두 깎아 버리고 만다. 노인은 많은 손주들에게 서지 않을 체면을 걱정하며 당혹해 하고 면도사는 아무 말도 하지 못한 채 그저 사죄만 할 뿐이었다. 인간관계를 바탕으로 한 찻집의 안락함에 익숙해진 노년층이 받아들이기에 조계지의 새로운 차관 문화는 순식간에 사라진 수염처럼 돌이킬 수 없는 아쉬운 혹은 용납하기 어려운 그 무엇이다. 근대 상하이 조계지 차관의 시간은 마치 바람 같은 이발사의 손놀림처럼 빠르게 순환하고 있었다. 그리고 상품과 자본의 소비 공간으로 탈바꿈하고 있던 차관의 새로운 유행에 적응하지 못하는 계층은 점차 소외되어 갔다.

유희는 교양이 되어, 문인(文人)

상하이는 전국 각지에서 온 상품들의 집결지만은 아니었다. 상하이로 모여든 사람들 가운데 과거(科擧)를 통해 살 길을 찾기 어려워진 문인들도 있었다. 그들에게 상하이는 자신의 글재주를 펼칠 수 있는 가능성의 공간이었다. 신문이나 잡지 같은 근대 매체들은 문인들의 작품을 발표하고 널리 알리고자 하는 전통 문인들의 욕구를 충족시켜줄 수 있는 좋은 기회의 장이었다. 간혹 명성을 얻으면 원고료를 받을 수도 있었다. 매 회마다 증가하는 문인들의 투고 작품으로 신문과 잡지는 점점 문학적 색채가 짙어 갔고, 어느 순간에서부터인가 『신보(申報)』는 투고 받은 원고를 지면에 더 이상 실을 수 없을 정도가 되었다. 그래서 생겨난 것이 전문 문예잡지와 소보(小報, 샤오바오)이다.

소보는 편폭이 짧은 뉴스, 시, 사, 수필, 소설, 일화 등의 형태에 흥미성이 강한 내용을 담은 글들을 모아놓은 신문이다. 소보는 근대 상하이 조계의 도시적 특징을 아주 잘 드러내 준다. 도시 구성원들의 지적 욕구와 정보 교환에 대한 필요성으로 태어난 것이 소보이기 때문이다. 최초의 소보는 1897년 6월에 간행된 『유희보(遊戲報)』이다. 『유희보』의 유희(遊戲)가 갖는 의미는 "유희의 내용을 빌어 권선징악을 담아냄으로써 세상을 깨닫는다"는 것이다. 그래서 『유희보』에는 풍자성이 강한 우언(寓言)이 많다. 그렇지만 상하이 조계지 유흥 공간에 배치되어 있는 소비와 향락의 체험에 압도당하기 시작한 지식인들의 인식 체계가 애초의 우국지심을 유지하기란 어려운 일이었는지 모른다. 근대 상하이 조계지는 분명 이전과는 다른 전도된 삶의 가치들이 퍼져 나가고 있었다. 상하이는 최고의 미덕이던 절약

차관 앞 기녀

보다는 사치가, 삶의 근간을 유지시켜주던 검소함 보다는 화려함이, 육체적 노동 보다는 자본의 소비가 중시 받는 사회였다.

이야깃거리를 찾아 헤매던 문인의 눈길과 발길을 잡은 것은 마치 산문(山門) 앞에서 신도들을 맞이하는 사대금강(四大金剛)처럼 광채를 발하며 모여 있던 기녀들이었다. 그곳은 바로 차관이었다. 문인들은 상당 시간 차관에 앉아 그곳을 찾은 사람들의 끊임없는 움직임을 즐기며 떠도는 소문들에 귀를 기울였다. 흥미로운 내용을 위주로 했던 소보(小報)는 점차 '세상을 놀라게 한다(警世)'는 명분에 걸맞게 기괴한 잡담거리와 저급한 기녀들의 시시콜콜한 행적 등만을 싣게 되었다. 그리고 그들의 가십거리는 어느새 상하이 차객들의 교양이 되어갔다. 차관은 각지에서 모여든 문인들이 기자와 작가의 명함을 함께 갖춘 전문 직업인으로 탄생할 수 있는 소재와 공간을 제공해 주었다.

스타와 영웅 사이, 기녀(妓女)

랑원제일루, 청련각, 일품향 등 매체를 통해 그 이름을 부각시키고 있던 일종의 지식과 정보로서의 차관에서 차의 맛이나 품질은 더 이상 중요 변수가 아니었다. 차관은 지속적으로 색다른 경험들을 제공했고 그 중 가장 유혹적인 체험 상품은 바로 기녀였다. 표

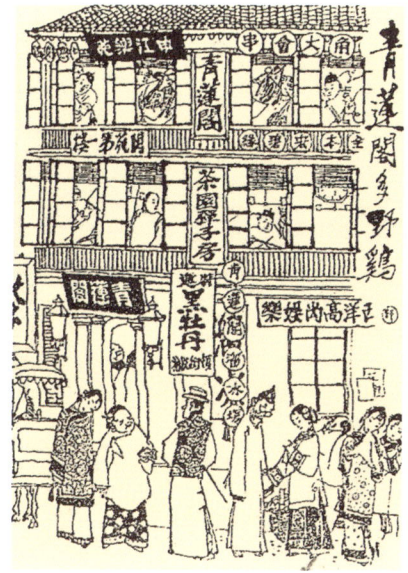
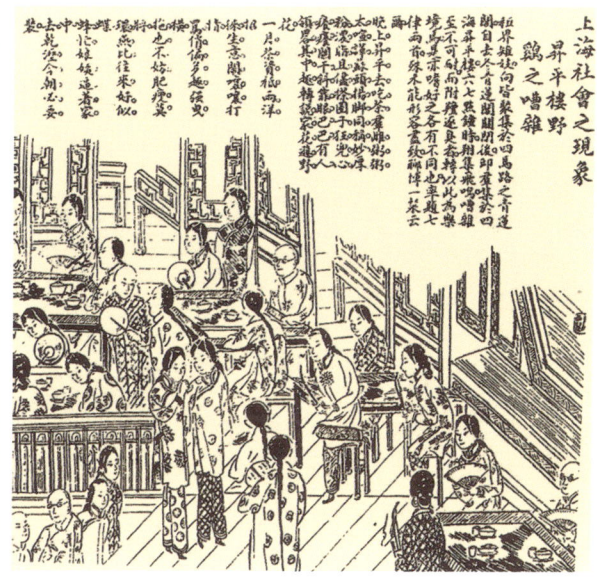

좌) 청련각 앞 야계
우) 승평루(昇平樓)의 야계들

객(嫖客, 기녀를 찾는 손님)이 아닌 차객으로서 차관을 찾는 손님들은 기원과는 또 다른 기녀 문화를 접하기 위해 이곳을 찾았다. 청련각은 매일 늦은 오후가 되면 구름처럼 몰려든 차객들로 대로가 막힐 정도였으며 자리는 이내 만석이 되었다. 차를 마시러 오는 것이 아니라 기녀를 만나러 오는 것이다. 기녀들과의 애틋한 정을 나누려는 표객들이 아직 존재하기는 했으나, 기녀를 찾는 대부분의 차객들은 그저 자신의 독특한 경험을 만끽하는데 수반될 장식품 같은 기녀를 더욱 선호했다. 새로운 욕망의 경험 징표로서 말이다. 어쩌면 차객들은 차를 매개로 한 차관의 기녀와 기원 기녀의 구별 짓기를 통해 스스로를 다른 도덕적 범주에 넣고 있었을지도 모른다.

　　　진정한 의미의 예기(藝妓)가 사라지고 날아다니는 들꿩처럼 호객 행위를 일삼는 야계(野鷄, 길거리 매춘부)가 기녀라는 이름을 대신

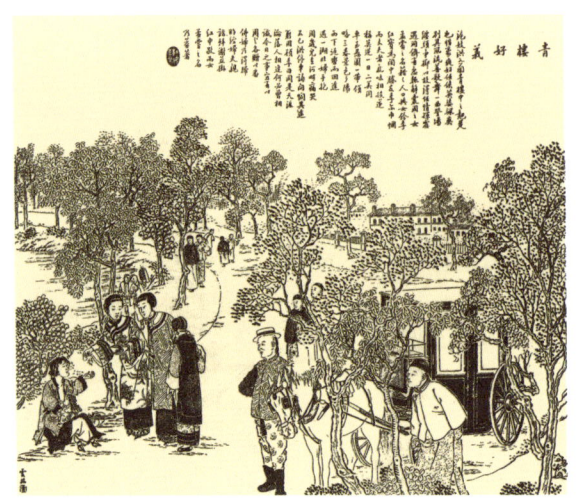

길에서 아이를 안고 울고 있는 여자를 딱하게 여긴 기녀가 돈을 주어 고향으로 돌려보낸다. 「기녀가 호의를 베풀다(靑樓好義)」, 『점석재화보』 1898.3.17.

하기 시작했을 때, 그녀들 또한 차관을 적극 활용하며 자신들의 새로운 이미지를 만들어갔다. 기녀들은 오후가 되면 어김없이 삼삼오오 짝을 지어 마차를 타고 대로를 돌았다. 이렇게 자신들의 존재를 알리며 줄 지어 도착한 곳이 차관이다. 차관의 기녀들은 더 이상 재녀(才女)도 아니었으며, 또 굳이 그럴 필요도 없었다. 지극히 일상적이면서도 품격 있는 차를 매개로 한 차관은 기녀와 차객들 모두의 욕망을 고상하고 우아하게 충족시켜 줄 수 있는 틈새 소비 공간이었다.

차관 기녀들의 문화적 소비로서의 가치가 부각되기 시작한 것은 스타 기녀의 탄생을 예고했다. 조계에는 수시로 최고의 기녀(花國總統)를 뽑는 행사가 열려 상하이 사람들의 이목을 집중시켰다. 그리고 당대 최고의 기녀 네 명(임대옥(林黛玉), 육란분(陸蘭芬), 김소보(金小寶), 장서옥(張書玉))은 기녀계의 사대금강(四大金剛)이 되어 연일 잡지에 그 이름을 장식했다. 기녀들의 사적 영역도 낱낱이 공개되었다. 얼마짜리의 가구를 집안에 새로 들여 놓았는지, 어떤 옷을 입고 거리를 나섰는지, 어디에서 무엇을 했는지 등 그녀들의 사소한 모든 일은 새로운 이슈였고 또 바로 유행이 되었다.

기녀들 또한 끊임없는 자기 관리를 시작했다. 외모와 신변잡기에 대한 투자는 물론이었고 외국어 공부와 각종 잡기들을 익혔으며 배우와 같은 새로운 영역을 개척하기도 했다. 몇몇 기녀는 마치

지금의 팬클럽처럼 지속적으로 그녀들을 찾는 고정 수요자들까지 확보하고 있었다. 상하이 조계에서 그녀들은 그렇게 때로는 스타가, 또 때로는 영웅이 되어갔다.

산문을 나서 속세로, 승려(僧侶)

음차의 기원에서부터 약용기원설(藥用起源說)에서까지 항상 언급되는 것처럼, 차 대중화의 결정적인 원인은 차가 건강에 좋은 영향을 미친다는 생각 때문이었다. 차가 건강에 도움을 준다는 것이 일반인에게까지 알려지는 데는 선승들의 역할이 컸다. 승려들은 세속을 벗어난 오랜 산중 생활을 통해 차의 효능을 몸소 깨닫게 되며 이를 수도 생활에 적극 활용했다. 일반 백성들은 불교가 보편화된 사회 속에서 승려들의 생활과 지식에 쉽게 영향을 받았으며, 승려와 신도 간에 신차(新茶)를 선물하고 다도(茶道)에 관해 이야기를 나누는 것들은 음차의 보편화에 기여했다.

그런데 근대 매체 속에서 산문을 나선 승려들의 모습을 종종 만날 수 있다. 당시의 도덕적 가치로 속세의 승려들은 그다지 긍정적인 모습으로 받아들여지지 않았던 것 같다. 특히 온갖 계층의 사람들이 모여드는 상하이 차관에서 더욱 그러했다. 상하이 차관은 기녀로 대변되는 여성과 남성들이 서로의 시선을 교차하며 은밀한 색정을 발현시키는 욕망의 체험

일본식 차관을 찾은 중과 점원 사이에 말다툼이 발생한다. 이후 중은 경찰(巡捕)에게 체포된다. 「중이 쾌락을 쫓다(和尚尋歡)」, 『점석재화보』 1885.6.17.

장소였다. 천여 명에 달하는 남녀가 한 공간에서 만들어내는 문란한 풍기는 차관을 문제적인 장소로 만들었다. 게다가 각종 매체들은 차객들 간의 갈등을 지면에 옮겨 이야깃거리로 만들며 이를 확산시켰다. 웬만한 강심장을 가진 사람이 아니라면 들어가지 못할 곳이 차관이라는 세간의 인식은 산문을 나선 승려들의 호기심을 더욱 자극했을지도 모른다. 차관은 세속을 기웃거리는 승려들까지도 비슷한 경험을 하면서 동질감을 형성할 수 있게 만들었다.

경박한 쾌락을 위해, 청년(少年)

전원의 한적한 시간을 향유하며 주변 차객들과 한담을 나누던 전통 차관과 달리 조계지 차관 속 사람들은 여러 사람 속에 섞여 있지만 익명성을 지닌 채 거리감을 둔다. 그저 즐기며 시간을 보낼 뿐이다. 급격하게 변화하는 시대 상황에 가장 취약한 계층은 청

년들이었다. 조계지로 대변되는 다른 세계와의 만남을 경험한 청년들은 온갖 제도와 낯선 문물 속에서 오랜 세월 동안 굳게 믿어왔던 권위들의 힘없는 추락을 목격했다. 구획된 도시의 각종 근대적 장치들, 조계를 통해 목격한 남녀 간의 자유로운 접촉, 보편화되어버린 성의 상품화 등 혼란을 겪게 되는 일상적 가치관은 청년들의 삶을 바꾸어 놓을 만한 것들이었다. 상하이 조계지로 모여든 청년들 가운데에는 과거를 준비하던 서생들도, 부잣집 자제들도 있었다. 이들의 공통점은 일정한 직업도 없이 지내면서 분수에 만족할 줄 모르고 그저 "경박"한 삶을 살아가는 것이다. 차관을 찾는 청년들은 조계지 번화가에서 자신들의 내밀한 원초적 욕망을 거리낌 없이 발현하며 유흥 잡지 속 가십거리들의 한 단락을 채우곤 했다.

어쩌면 이들은 종족 문화에 가려져 있던 개인으로서의 모습을 발견하고 있었는지도 모르겠다. 물론 청년들의 욕망이 인간 존재의 본질과 관련된 실체적이고 구체성을 지닌 욕망이었는지 아닌지를 단언하기는 어렵다. 그러나 차관을 찾는 청년들이 차가 아닌 기녀와 함께 차를 마실 수 있는 경험을 사고 싶어 했던 것은 분명하다. 화려한 외관과 독특한 분위기를 연출하고 있는 차관들은 당시 청년들이 그때까지 해보지 못한 차별화된 새로운 경험을 안겨주었기 때문이다. 상하이 청년들은 도덕이나 윤리보다는 자신만의 경험을 중시하며 감각적이고 감성적인 부분에 더 많이 의존하기 시작한다.

그러나 도시에 몰려 온 청년들은 이곳에서 자신들의 욕망을 소비하는 대신 그 대가를 치러야만 했다. 집안의 귀중 문서를 훔쳐 향락을 즐기다 부모에게 잡히기도 하고, 부잣집 도련님들은 사기를 당하는 경우가 부지기수였으며, 결혼 준비를 위해 상하이로 왔던

좌) 기녀와 함께 정안사로 가던 한 미소년이 직접 마차를 몰다 인력거와 부딪쳐 사고를 낸다. 「마차를 몰고 가다 사고 난 이야기(拉繮受苦)」, 『점석재화보』 1884.12.31.
우) 근대 상하이에서는 해질 무렵 마차를 불러 친구나 기녀와 정안사로 놀러가는 것이 유행이었다. 「기생에게 빠져 가산을 탕진하다(狎妓忘親)」, 『점석재화보』 1884.9.14.

한 청년이 성병에 걸려 결혼 후 정상적인 가정을 꾸려나가기 어려운 지경이 되기도 하고, 생활이 불가능할 만큼 아편에 중독되기도 했다. 결국 이러한 행동들로 인해 가족의 도리(常道)나 전통의 윤리 가치가 지켜지는 것은 쉽지 않게 되었으니, 사회문제로 가시화되는 것은 당연한 일이었다. 그런데 흥미로운 지점은 근대 도시를 소비하는 청년들에 대한 매체의 시선이다. 분명 매체 속 시선이 도시의 음란한 풍속에 노출되어 있는 청년들에게 개탄과 우려를 표명하고 있기는 하다. 하지만 그들에 대한 비난의 어조를 찾기는 어렵다. 오히려 소비문화에 동참하지 못하는 농촌 청년의 경우 그 우직함은 어느 순간 도시 생활을 모르는 시골 촌놈(鄕人)으로 전락한다. 근대 상하이 매체는 상하이의 번화로움이 청년들에게 미칠 폐단을 염려하면서도, 그럼에도 불구하고 상공업을 중시하는 변화된 사회에서 근검과 절약이 그대로 적용될 수만은 없음을 지적하는 논의를 시작한다.

여전히 문제적인 건달, 유맹(流氓)

차관은 각종 직업을 지닌 사람들이 만나는 장소이기도 했지만 또한 새롭게 변화된 사회가 창출한 갖가지 직업들이 자연스럽게 만들어지는 곳이기도 했다. 청말 상하이에는 상당한 수의 유맹(流氓, 류망)이 있었다고 한다. 홍커우(虹口) 일대에서 활동하던 십자매당(十姉妹黨)이라는 이름의 여자 유맹 조직도 있었고, 물 건너 온 외국인 유맹 조직도 있었다.

역사적으로 상당히 오래된 기원을 지니고 있는 유맹은 한량에서부터 부랑자, 건달, 그리고 깡패까지도 포함하는, 그 시간만큼이나 다양한 의미를 함축하고 있는 단어이다. 근대 상하이 유맹의 활동 기원을 명말청초까지 거슬러 올라가는 경우도 있다. 하지만 오늘날의 깡패에 가까운 근대 상하이 유맹은 상하이의 오락업과 긴밀한 관련을 가지며 하나의 독립된 사회 집단으로 조직되기 시작한다. 많은 사회 구성원을 전통적인 사회구조에서 유리시킨 조계 지역의 급속한 변화는 유맹을 신흥 직업군으로 만든다. 이들의 사회적 정체성을 형성한 중요 요소 중 하나는 의상이었다. 이들 모두는 소매가 좁고 단추를 앞쪽으로 바싹 모아 채운 마고자를 입어 몸에 꽉 낀 옷차림을 하고 다녔다. 항상 양날이 예리한 칼을 지니고 다녔으며 간혹 권총이나 소총을 휴대하기도 했다. 사회적 신분과 성별의 표지로

좌) 차관에서의 츠장차 이후 벌어진 유맹들의 소란.
우) 차관으로 올라가는 계단 입구 옆에 '장차 금지(禁止講茶)'라는 문구가 보인다.

서 의상은 상징적 경계를 유지하거나 때로 허문다. 때문에 어떤 의상을 선택하는가는 각기 다른 시대의 사람이 사회 조직과 이미 결정된 신분 경계 안에서 자신의 지위를 어떻게 인식했는지 알려주는 척도가 된다. 의복을 통해 자신들만의 차별화된 상징을 만들어내고 있던 유맹들은 강도, 납치, 사기 등을 통해 조직의 기반을 마련하고 상하이 유흥업의 번성과 함께 암흑가의 주도 세력으로 급성장하게 된다.

낮 시간 이들 상하이 유맹들의 모습을 볼 수 있는 주요 공간 중 하나가 바로 차관이었다. 유맹들이 차관을 찾은 이유는 츠장차 때문이다. 유맹들은 장차(講茶) 거리가 될 만한 일들을 찾아내어 자신들이 직접 중재자의 역할을 담당했다. 그리고 만약 한쪽이 수긍하지 않을 경우 이를 빌미로 싸움판을 벌렸다. 그래서 많은 차관의 가장 눈에 띄는 곳에는 커다랗게 검은 색 글자로 쓰여 있는 작은 나무패가 하나씩 걸려 있었다. 그 내용은 '관아의 명을 받들어 장차를 엄금함(奉憲嚴禁講茶)' 혹은 '유지를 받들어 장차를 금지함(奉諭禁吃講茶)'이다. 하지만 관부(官府)의 금지령에도 불구하고 차관에서 거의 상주하다시피 하던 사복 경찰들(探捕)조차도 사실상 유맹들의 소란에 관여하지 않았다. 또 설사 문제의 정도가 심각하더라도 당사자들 역시 스스로의 책임으로 돌리며 관례대로 사건을 고발하지 않았다. 차관을 난장판으로 만들고 마는 이런 일이 반복되면서 어느 순간 차관은 그야말로 담이 작은 사람은 감히 그곳에 들어가지도 못하는 장소가 되고 만다.

제5장

차관과 일상

찻잔 속의 욕망

차 한 잔의 예술

일탈과의 화해

찻잔 속의 욕망

　　　　　청대의 주요 수출품 중의 하나는 차였다. 1840년 아편전쟁에서 청이 영국에게 패배하기 이전까지 중국의 차는 청 제국의 위상과 함께 세계로 퍼져 나가고 있었다. 그러나 아편전쟁 이후 서구 열강의 중국 침탈이 본격화되면서 꾸준히 늘어가던 중국차의 생산량과 수출량은 1886년을 정점으로 쇠락의 길을 걷게 된다. 문화대혁명이 진행되던 중국에서 전통문화는 파괴의 대상이었으며 차 문화 역시 이에 영향을 받을 수밖에 없었다.

　　　　　하지만 송대 차상인부대가 자신들의 차를 지키기 위해 금과 싸웠던 것처럼 농민들은 1950년부터 "차 잎도 없이 가지만 앙상한" 황폐해진 차밭을 다시 다듬고 새 차밭을 일구어내기 시작했다. 5~60년대에는 차밭의 확충에, 7~80년대에는 생산성 제고에 주력하며 1986년 무렵 중국의 차 산업은 다시 부활하기 시작한다. 차 산업의 부흥을 꿈꾸던 근대 지식인들의 바람처럼 기계화로 인한 대량 생산의 결과였다. 기계를 이용한 제다(製茶)는 높은 효율성과 균일성을 가져왔다. 오늘날 중국차의 7~80%는 전부 또는 일부 공정을 기계로 만든 차이다. 하지만 기계가 만들어 낸 차가 숙련된 수공기능인들이 만들어내었던 명차를 명차답게 만들지 못해 아쉬움을 남기는 것 또한 불가피한 일이다.

지금 중국은 한때 내주었던 세계 최대 차 생산국의 위치를 되찾았다. 다시 그 자리를 찾기까지 약 1세기가 걸린 셈이다. 덩샤오핑(鄧小平, 등소평)의 실용주의 노선 그리고 생산력 제고와 유통시장의 확대로 차 산업의 고속 성장을 가능하게 한 장쩌민(江澤民, 강택민)의 정책이 가져 온 결과이다. 물론 현재 중국 차 문화 부흥의 중심에 놓여있는 안후이성(安徽省) 차상(茶商)의 아들 후진타오(胡錦濤, 호금도)의 역할도 빼놓을 수 없다. 민족적 정체성까지 가미된 차의 소비가 변화될 여지는 남아있지만, 차는 여전히 중국인들의 습관이다. 좀 더 정확히 말하면 차는 아직까지 중국인들이 가장 애용하는 음료이다.

차 한 잔의 예술

커피전문점에 바리스타가 있다면 차관에는 차예사(茶藝師)가 있다. 최고의 바리스타일수록 커피를 통한 타인과의 소통을 원한다. 또한 커피의 마술사, 바리스타는 바쁜 도시민들이 자신들의 손에서 추출되는 커피를 기다리는 동안 느림의 미학과 만날 수 있기를 기대한다. 바리스타가 바(bar)안에서의 친절한 스타이기를 원하는 동안 차예사는 차예(茶藝, 차를 우려내어 마시는 예술적인 동작)를 통한 예술인의 경지를 꿈꾼다.

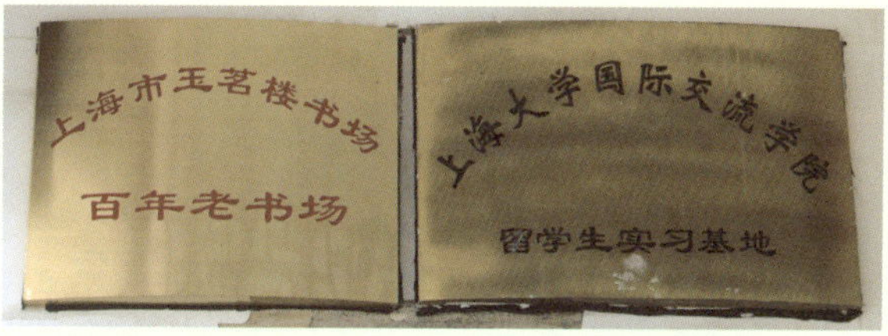

▲ 쑹위안차예관은 차관 겸 서장이다. 상하이 최초의 전문 차예관이다.

◀ 차예관 입구 공연 광고

▲ 옛 건물을 보수하여 만들어진 쑹위안차예관.

▲ 상하이시에서는 1994년부터 매년 4월 초에 〈상하이 국제차문화절〉을 지정하여 차문화 행사를 개최하고 있다. 쑹위안차예관은 그 발원지이다.

▲ 차예관 안 서장 가는 길

▲ 차예관 안 서장 입구

▲ 서장 안 탄사 공연 장면

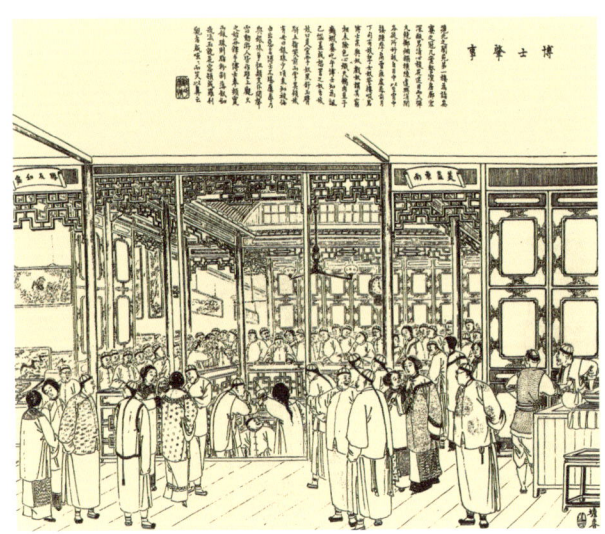

랑원제일루의 차박사(茶博士)는 기녀의 시종을 희롱하다 결국 몸싸움에 이르고 만다. 「봉변 당한 차박사(博士肇事)」, 『점석재화보』 1884.12.2.

차예는 1970년대 말 대만에서 생긴 단어이다. 차예 공연(茶藝表演)을 감상하면서 차를 마시거나 음식을 먹을 수 있는 차관이 차예관(茶藝館)이다. 다양한 중국차의 종류와 소수민족의 수만큼 그리고 거기에 더해진 역사성과 개인의 가치관이나 개성만큼 가지가지로 표현될 수 있는 차예 공연은 지금 예술이라는 이름으로 차관의 새로운 문화 전통을 만들어가고 있는 중이다. 중국 노동부와 사회보장부에서 1995년 정식으로 「중화인민공화국 직업 분류 대사전(中華人民共和國職業分類大典)」에 포함시킨 차예사는 차 관련 서비스 및 교육 사업에 종사한다. 국가 공인 자격시험에 통과하면 자격증을 받을 수 있다. 차 산업 부흥 정책 이후 매년 20~30% 증가하고 있는 차관의 수에 따라 2001년 3월 「차예사 국가 표준(茶藝師國家標准)」 지침과 교과 과정이 마련되며 차예사는 새롭게 주목받는 직업이 되었다.

차예사의 원조 격인 차박사(茶博士)를 상하이 조계지에서도 만날 수 있다. 송대로 그 기원을 거슬러 올라갈 수 있는 차박사는 숙련된 기술로 찻물의 온도를 조절하여 차의 맛을 더욱 향기롭게 하는 차관의 종업원이다.

그런데 근대 화보 속 차박사는 지금의 차예사들이 추구하는 예술인의 경지와는 그 차원이 다르다. 기녀를 따라 온 여 시종과

노닥거리는 차박사는 차관의 문란한 분위기를 만드는 또 다른 주범이다. 하지만 근대 상하이 차관의 중요 역할 중 하나가 은밀한 욕망의 소통이었음을 고려하면, 어쩌면 차박사는 차관에서 자신의 임무를 성실히 수행하고 있는 중이었는지도 모른다. 화보 속 차박사의 도가 넘는 행동은 차관 구성원들 사이의 친밀도를 보여주는 일례이기도 하다. 차객이자 정기적인 방문으로 차관의 주요 인물이 된 기녀와 여 시종은 차박사들에게는 단골손님이었던 셈이다. 사람 간의 친밀도에서 최고의 판촉 효과를 찾는다는 최근의 감성마케팅과도 일면 상통하는 듯하다.

일탈과의 화해

근대 상하이 차관은 고향을 떠나 타향살이를 하고 있던 많은 이주민들에게 교류와 사교의 장소를 제공하는 소통의 장이었으며, 저층에 자리하고 있던 민간 공연을 상업적 대중오락으로 변모시킨 무대였고, 유희의 다양성에 탐닉할 수 있는 공공 오락 장소였다. 또한 차관은 신분 혹은 계급의 벽이 무너질 수 있음을 몸소 보여주는 가능성의 공간이었고, 규범과 도덕에서 잠시나마 벗어날 수 있는 욕망의 비상구였다. 한편 저물고 있던 중국 차 산업의 불길을 지필 수 있는 내수 시장이기도 했다.

최근 차에 관한 서적들은 차를 마시러 오는 손님 차객(茶客)과 차를 아는 사람 차인(茶人)을 구분한다. 차객이 차에 대해 다소 가벼운 마음가짐으로 차관을 찾는 손님을 가리킨다면 차인은 진심으로 차를 즐길 줄 아는 사람이라는 의미일 것이다. 그런데 차객이 아

상) 식사 겸 휴식이 가능한 차관 나들이는 아이들에게도 즐거운 일탈이다.
중) 중국 대부분의 차관에서는 차와 함께 간식거리가 제공된다.
하) 차관 안 뷔페식당. 규모가 큰 차관에서는 제법 근사한 식사가 가능하다.

닌 차인을 기대하는 담론이 만들어내는 이미지로 인해 차관은 정적이고, 자연친화적이며, 고아한 풍격의 공간이라는 생각이 더욱 굳건해지고 있다. 그리고 이러한 차관의 이미지는 계몽 담론과 거리가 멀었던 근대 상하이차관을 오히려 더욱 퇴폐적이고 물신적인 곳으로 규정하게 된다. 그러나 아직 상하이 차관은 일탈조차 일상이 되어버리는 그런 공간이다. 그리고 어쩌면 이것은 중국인들이 여전히 차관을 찾는 주요 이유 중 하나일지도 모른다.

참고자료

『申報』, 上海書店, 1982.
『時務報』, 中華書局, 1991.
『圖畫日報』, 上海古籍出版社, 1996.
(淸)吳友如繪, 孫繼林編, 『晚淸社會風俗百圖』, 學林出版社, 1992.
(淸)葛元煦, 『滬遊雜記』, 上海書店出版社, 2006.
(淸)吳趼人, 『二十年目睹之怪現狀』, 人民文學出版社, 1993.
顧炳權編著, 『上海風俗古跡考』, 華東師範大學出版社, 1993.
沈寂主編, 『三百六十行大觀』, 上海畫報出版社, 1999.
趙琛, 『中國近代廣告文化』, 吉林科學技術出版社, 2001.
胡根喜, 『老上海四馬路』, 學林出版社, 2001.
上海百年文化史纂委員會, 『上海百年文化史』, 上海科學技術文獻出版社, 2002.
周文棠, 『茶館』, 浙江大學出版社, 2003.
高福進, 『洋娛樂的流入』, 上海人民出版社, 2003.
留伯仙編著, 『晚淸明信片集萃』, 東方出版社, 2003.
陳玲·王佳楠·蔡小麗編著, 『明信片淸末中國』, 中國人民大學出版社, 2003.
劉建輝著·甘慧杰, 『魔都上海』, 上海古籍出版社, 2003.
類承浩, 『老上海石庫門』, 同濟大學出版社, 2004.
劉徐州編著, 『趣談中國戲樓』, 百花文藝出版社, 2004.
(法)安克强(Christian Henriot), 袁燮銘·夏俊霞譯, 『上海妓女』, 上海古籍出版社, 2004.
徐曉村, 『中國茶文化』, 中國農業大學出版社, 2005.
戴敦邦圖·沈寂文, 『老上海小百姓』, 上海辭書出版社, 2005.
邵雍, 『中國近代妓女史』, 上海人民出版社, 2005.
蔣建國, 『青樓舊影』, 南方日報出版社, 2006.
薛理勇, 『上海閑話交關』, 上海辭書出版社, 2007.
王笛著, 李德英·謝繼華·鄭麗譯, 『街頭文化』, 中國人民大學出版社, 2007.
陳祖恩, 『尋訪東洋人』, 上海社會科學院出版社, 2007.
周三金, 『上海老菜館』, 上海辭書出版社, 2008.

羅蘇文, 『近代上海: 都市社會與生活』, 中華書局, 2006.
陳平原·淩雲嵐編, 『茶人茶話』, 三聯書店, 2007.
陳綿, 『茶鋪』, 四川出版集團·四川美術出版社, 2008.
夏曉虹, 『晩淸上海片影』, 上海古籍出版社, 2009.
徐華龍, 『上海風俗』, 上海文藝出版社, 2009.
唐振常, 「市民意識與上海社會」, 『上海社會科學院學術季刊』 1993年 1期.

문정진, 『淸末의 新小說 硏究』, 중국도서문화중심, 2000.
츠노야마 사가에 저, 서은미 역, 『녹차문화 홍차문화』, 예문서원, 2001.
후지이 쇼조 지음, 백영길 옮김, 『현대 중국 문화 탐험』, 소화, 2002.
니겔 로스펠스, 이중한 옮김, 『동물원의 탄생』, 지호, 2003.
김경우, 『중국차의 이해』, 다도, 2005.
강판권, 『차 한잔에 담은 중국의 역사』, 지호, 2006.
리우이링저, 이은미 역, 『교양으로 읽는 차의 향기』, 산지니, 2006.
다나하시 고오호오 저, 석도윤·이다현 공역, 『중국 茶 문화』, 하늘북, 2006.
이진수, 『한권으로 이해하는 중국 차문화』, 지영사, 2007.
이학로, 『近代中國의 鴉片禁煙 運動』, 세화, 2007.
리우퉁 지음, 홍혜율, 『차』, 2008.
정동주, 『다관에 담긴 한·중·일의 차 문화사』, 한길사, 2008.
문정진·민정기·박소현·백광준·이성현·차태근·천진·홍영림, 『중국 근대의 풍경』, 그린비, 2008.
"19세기말 上海 『點石齋畵報』(1884~1898)의 색인·해제 및 데이터베이화" 연구팀, 『點石齋畵報』DB 자료집, 도서출판 한모임, 2008.
라오서 지음, 신진호 옮김, 『찻집(茶館)』, 지식을 만드는 지식, 2009.
김광수·오주섭·서현진, 『음료의 소비문화』, 한나래, 2009.
박재환 외, 『일상과 음식』, 한울, 2009.
문창기, 『커피, 그 블랙의 행복』, 이다야, 2009.
안재혁, 『커피 볶아주는 남자』, 살림, 2009.
정양원 지음, 공원국 옮김, 『중국을 뒤흔든 아편의 역사』, 에코리브르, 2009.
徐銀美, 「宋代 茶의 價格: 飮茶의 대중화에 대한 이해를 위하여」, 『茶談』 1999, 가을호.
문정진, 「화보(畵報)를 통해 본 근대 조계(租界)와 여성(1)」, 『中國現代文學』 第39號, 2006.12.
문정진, 「화보(畵報)를 통해 본 근대 조계(租界)와 여성(2)」, 『中國現代文學』 第40號, 2007.3.
문정진, 「중국 근대 매체와 유맹(流氓)」, 『中國現代文學』 第49號, 2009.6.

찾아보기

가능성의 공간 133
가루차(抹茶) 024
가스등 058
가족의 도리(常道) 122
감성마케팅 133
감성적 121
강남(江南) 021
강담(講談) 100
강소(江蘇) 042
개인 121
개인 목욕탕(盆湯) 082
개항지 058
객분(客盆) 082
객잔(客棧) 084
거간꾼 106
견마(絹馬) 무역 022
경관 058
경험하기 095
계몽 담론 134
곡예 072
공가화원(公家花園) 061
공부국(工部局) 063
공원 063
과피마오(瓜皮帽) 042
관객 079

관광문화 046
관분(官盆) 082
광릉기로전(廣陵耆老傳) 030
교양 116
구경꾼 079
구곡교(九曲橋) 014
국민당 056
규범성 073
극단(戲班) 079
근대 매체 115
근대 화보 133
기계화 129
기녀 059, 116
기녀계의 사대금강(四大金剛) 118
기록 046
기억 046
기원(妓院) 064
기자 111
기차관(棋茶館) 044
길거리 창녀(野鷄) 054

난고차(蘭膏茶) 025
난샹(南翔) 089
난샹만터우뎬(南翔饅頭店) 090
난징둥루(南京東路) 013

난징루(南京路) 063
난징조약(南京條約) 063
남시(南市) 065
네 번째 주인(四房東) 109
노인 차(老人茶) 113
노점 찻집(茶攤) 031
닝보차팡(波茶房) 085

다경(茶經) 021
다곡(茶曲) 034
다관(茶館) 016, 018
다구(茶具) 025
다료(茶寮) 016
다루(茶樓) 016, 044
다반(大班) 053
다방(茶坊) 015, 016
다사(茶肆) 016, 034
다상군(茶商軍) 024
다실(茶室) 016
다원(茶園) 080
다팡둥(大房東) 109
다포(茶鋪) 016
다호(茶壺) 026, 027, 113
다화녀(茶花女) 085
단계다원(丹桂茶園) 081
단계헌(丹桂軒) 081
당구장(彈子房) 094
대량생산 129
대로 059
대중 055
대중탕(池湯) 082
대차관(大茶館) 036, 065

덩샤오핑(鄧小平) 130
덩이차(團茶) 024
뎬신(點心) 042
도덕적 가치 120
도도거(陶陶居) 071
동경몽화록(東京夢華錄) 032
동료의식 073
동물원 097
동방거(同芳居) 074
동양다루(東洋茶樓) 068
동양다사(東洋茶社) 068
동양차관(東洋茶館) 068
두 번째 주인(二房東) 108
딤섬(Dim sum) 042

라오상하이(老上海) 055
라오상하이 열풍(老上海熱) 094
라오상하이차관(老上海茶館) 047
라오서(老舍) 039
라오서차관(老舍茶館) 044
랑원제일루(閬苑第一樓) 066
레스토랑(酒樓) 014
루보랑 014
루쉰(魯迅) 042

마성(魔性) 072
마성(魔性)의 도시 055
마여비(馬如飛) 100
마차 059
만주족(滿洲族) 팔기(八旗) 036
매란방(梅蘭芳) 081
매스미디어 055

매체 046
매체적 공간 105
멀티 소비 공간 077
명차(名茶) 027
모던의 분위기 075
모리화(茉莉花) 027
목욕탕 082
문명 061
문명아집(文明雅集) 112
문인 056
문화공간 018
문화대혁명 129
문화의 균질화 101
문화적 소비 118
민사 분규 조정 장소 105
민족적 정체성 130

바리스타 132
백비차(百沸茶) 021
복제 조령(服制條令) 056
봉씨문견록(封氏聞見錄) 032
부동산 거래 107
부랑자(流氓) 057

사발차(大碗茶) 035
사복 경찰 110
사적 공간 070
사치 116
사회적 연결망 073
삼합원(三合院) 107
상수도 058
상하이(上海) 013

상하이라오제(上海老街) 047
상하이라오제(上海老街) 차관 045
상하이 모더니티 069
상해소지(上海小志) 069
생활필수품(開門七件事) 022
샤오룽바오(小籠包) 089
서양요리(番菜) 097
서차관(書茶館) 036
석고문(石庫門) 107
설서(說書) 100
설서선생(說書先生) 100
설서의 통일 101
설서인(說書人) 100
설화인(說話人) 100
성의 상품화 121
성황묘(城隍廟) 065
세금(茶稅) 021
세 번째 주인(三房東) 109
세입자(房客) 108
소만수(蘇曼殊) 074
소보(小報) 115
소비 046
소비 공간 058
소비 문화 015, 076
소비자 095
소차관(小茶館) 065
소통을 위한 배제 063
소통의 공간 105
소통의 장 073, 133
손님(嫖客) 068
수정궁 095
스타 119

승려 119
시민사회 058
시설 058
시후 룽징(西湖龍井) 027
식차제(食茶制) 024
신문 055, 115
신보(申報) 115
신 상하이 10경 059
신아문(新衙門) 110
신톈디(新天地) 차관 045
신해혁명(辛亥革命) 056
신흥 직업군 123
실크로드(Silk Road) 022
십리양장(十里洋場) 053
십자매당(十姉妹黨) 123
쏭위안차예관(宋元茶藝館) 045
쑤저우(蘇州) 042
쓰마루(四馬路) 054, 063
쓰촨 013
쓰촨 차관 040

아편 028
아편굴 078
아편전쟁(阿片戰爭) 029
야간열차 059
야경 059
야계(野鷄) 117
야차관(野茶館) 036
약용기원설(藥用起源說) 119
양분(洋盆) 082
양징방(洋涇浜) 067
에프터눈 티(Afternoon Tea) 041

여관(旅館) 086
여수대(麗水臺) 066
여행기 046
여행 상품 059
역안거(易安居) 071
연관(烟館) 064
연극 대본(元曲) 034
연화차(蓮花茶) 025
엽서 046
영웅 119
예기(藝妓) 070, 117
예원(豫園) 014
오감 자극 098
오견인(吳趼人) 054
오경재(吳敬梓) 036
옥로다루(玉露茶樓) 114
와이탄 061
와이탄공원 061
욕망 093
욕망의 매커니즘 095
욕망의 비상구 133
욕망의 소통 133
우롱차(烏龍茶) 028
원림(園林) 042
위생 관념 082
위타이차관(裕泰茶館) 040
유객(遊客) 069
유달부(俞達夫) 112
유림외사(儒林外史) 036
유맹(流氓) 123
유행 118
유희(遊戲) 115

유희보(遊戲報) 115
유희의 다양성 133
육우(陸羽) 021
은행 058
음다법(飮茶法) 025
이리관(二厘館) 041
이발사 114
이십년간 목격한 기이한 현상(二十年目
　　睹之怪現象) 054
이야기 100
이야기꾼 100, 101
이주민 058
이훈포(二葷鋪) 036
익명성 120
인력거 059
인쇄기술 055
일상다반사 022
일상성 073
일일유람코스 059
일탈 134
일품향(一品香) 096
임안(臨安) 024
잎차(散茶) 025

자동차 058
자본 076, 095
자사호(紫沙壺) 027
잡지 055, 115
장쩌민(江澤民) 130
전기 058
전문 직업인 116
전차 058

전통 016, 040
전통문화 129
전통 민간 곡예(曲藝) 048
전통식 아궁이(老虎灶) 048
전화 058
절강(浙江) 021
절약 116
점석재화보 071
제다(製茶) 130
제지법 055
조계 056
조계지 경찰서(巡捕房) 110
종족 문화 121
죽지사(竹枝詞) 113
중개업자 106
중국 상하이 거주민 통제 규정(淸國上海
　　日本居留民取締規則) 063
중국 속 외국(國中之國) 058
중화민국 056
증기선 054
지식인 115
진주탑(珍珠塔) 100
질병 전염 082
집주인(房東) 108
징더전 025
짜오차(早茶) 041

차객(茶客) 075
차관(茶館) 018, 039
차리(茶禮) 103
차마고도(茶馬古道) 023
차 산업 133

차예(茶藝) 132
차예 공연(茶藝表演) 132
차예관(茶藝館) 132
차예사(茶藝師) 132
차팡(茶房) 085
차후이(茶會) 105
차후이시장(茶會市場) 105
찻집 015
창곡(唱曲) 101
철도 055, 059
청두(成都) 013
청련각(青蓮閣) 071
청수분탕(清水盆湯) 083
청차관(清茶館) 036
최고의 기녀(花國總統) 118
춘풍득의루(春風得意樓) 047
츠장차(吃講茶) 104
츠짜오차(吃早茶) 문화 042
츠핀차(吃品茶) 104
치파오(旗袍) 056
친밀성 073

카페(cafe) 016
코스모폴리탄 상하이 074

타차(榻茶) 078
탕윈다방(唐韻茶房) 045
탕펀롱(湯盆弄) 083

평탄(評彈) 101
평화(平話) 101
표객(婊客) 116

풍경 092
풍자개(豊子愷) 042
프랑스의 오동나무(法國梧桐) 067

한족(漢族) 036
항저우(杭州)의 차관 043
항후이(行會) 106
향수행(香水行) 082
현대 016
호랑이 아궁이(老虎灶) 065
호심정(湖心亭) 014
화양잡거(華洋雜居) 058
홍차(紅茶) 028
화방(畫舫) 042
화중회(華衆會) 066, 071
화차(花茶) 027
황푸(黃浦)공원 061
회심공당(會審公堂) 110
후진타오(胡錦濤) 130
훠궈(火鍋) 013
흰개미 차후이 109